### 글 크리스토프 드뢰서

미국 샌프란시스코에 살면서 프리랜서 저널리스트와 작가로 활동해요. 이전에는 독일 주간지 〈디 차이트(DIE ZEIT)〉의 지식 부문 편집자로 18년 동안 일했어요. 그때 연재한 칼럼 '사실인가요?'로 독자들이 일상생활에서 경험하는 궁금증을 풀어 주었어요. 지금까지 《이 세상에 어린이가 100명이라면》《슬기로운 논리학》《알고리즘이 당신에게 이것을 추천합니다》《물리학 시트콤》 등 20권이 넘는 책을 썼어요.

### 그림 노라 코에넨베르크

독일 함부르크에 살면서 일러스트레이터, 인포그래픽 디자이너, 편집 디자이너로 일해요. 2012년부터 주간지 〈디 차이트(DIE ZEIT)〉에서 정보를 시각적으로 보여 주는 인포그래픽을 맡고 있어요. 그린 책으로는 《이 세상에 어린이가 100명이라면》이 있어요.

### 옮김 신동경

서울대학교 독어교육과를 졸업하고 한신대학교 신학대학원에서 공부했어요. 출판사에서 어린이책 편집자로 일하며 과학 그림책과 자연 생태 그림책을 여러 권 만들었어요. 지금은 과학책을 읽으며 느낀 즐거움과 감동을 어린이들에게 전하는 글을 쓰며 지내요. 쓴 책으로 《단위가 사라졌다》《나는 138억 살》《나의 집은 우주시 태양계구 지구로》《나는 태양의 아이》《나는 온 우주가 만든 생명이야》《물은 어디서 왔을까?》《공정 무역, 행복한 카카오 농장 이야기》《더위야, 썩 물렀거라!》 들이 있어요.

*로 표시한 부분은 편집자가 독자의 이해를 돕기 위해 덧붙인 내용입니다.

# 이토록 불편한 고기

## 이토록 불편한 고기

초판1쇄 발행 2021년 8월 17일
초판3쇄 발행 2022년 3월 18일

글 크리스토프 드뢰서 | 그림 노라 코에넨베르크 | 옮김 신동경
개발2실장 김문주 | 단행본 1팀 이선아 정윤경 | 디자인 이아진
제작 박천복 김태근 고형서 | 마케팅 윤병일 박유진 | 홍보디자인 최진주
펴낸이 김경택 | 펴낸곳 (주)그레이트북스
등록 2003년 9월 19일 제313-2003-000311호
주소 서울시 구로구 디지털로31길 20 에이스테크노타워5차 12층
대표번호 02-6711-8676 | 홈페이지 www.greatbooks.co.kr

ISBN 978-89-271-9904-5 74400
       978-89-271-9888-8 (세트)

Es geht um die Wurst. Was du wissen musst, wenn du gern Fleisch isst by Christoph Drösser
© 2021 by Gabriel in Thienemann-Esslinger Verlag, Stuttgart
Illustrations by Nora Coenenberg
Korean translation rights arranged with Gabriel in Thienemann-Esslinger Verlag through Orange Agency
All Rights Reserved
Korean translation © 2021 by Greatbooks, Inc.

이 책의 한국어판 저작권은 오렌지에이전시를 통한 Thienemann-Esslinger Verlag GmbH와의 독점 계약으로
(주)그레이트북스가 소유합니다.
저작권법에 의하여 한국 내에서 보호 받는 저작물이므로 무단전재 및 복제를 금합니다.

KC마크는 이 제품이 공통안전기준에 적합하였음을 의미합니다.
제조국: 한국 | 사용연령: 4세 이상
⚠ 책장에 손이 베이거나 책 모서리에 다치지 않게 주의하세요.

## 고기가 먹고 싶어요

사람은 잡식 동물 ……………………………………………… 8
석기 시대로 돌아가자고요? ……………………………… 10
영양분을 얻는 방법은 다양해요 ………………………… 12
세계인이 먹는 갖가지 고기 요리 ………………………… 14
금지된 고기 ………………………………………………… 18
사람들은 고기를 얼마나 먹을까요? ……………………… 20
평생 몇 마리나 먹을까요? ………………………………… 22
주둥이부터 꼬리까지 ……………………………………… 24
소시지는 어떻게 만들까요? ……………………………… 26
고기는 건강에 좋은 음식일까요? ………………………… 28

## 우리가 먹는 동물들

사랑받는 동물, 먹히는 동물 ……………………………… 34
가축을 키우는 방법 ………………………………………… 36
가축들은 이렇게 살아요 …………………………………… 38
많이 먹어야 빨리 쪄요 ……………………………………… 44
가축우리에 떨어지는 약품 폭탄 …………………………… 46
유기농 농장에 사는 가축들은 더 행복하게 지낼까요? …… 48
길 위의 가축들 ……………………………………………… 52
도축장에서는 무슨 일이 벌어질까요? …………………… 54
고통 없는 죽음 ……………………………………………… 56

소가 멸종 위기라고요? ………………………………………… 58
수컷을 구하자 …………………………………………………… 60

# 고기와 환경
고기에 필요한 공간 ……………………………………………… 64
고기가 사실은 물이라고요? …………………………………… 68
하늘까지 퍼지는 냄새 …………………………………………… 72
고기가 기후 변화를 일으켜요 ………………………………… 74
채식주의가 만능 해결책은 아니에요 ………………………… 78

# 더 잘 먹는 방법이 있어요
혼란스러운 인증 마크 …………………………………………… 82
쓰레기통으로 들어가는 고기 …………………………………… 86
고기가 아닌 고기 ………………………………………………… 88
실험실에서 나오는 고기 ………………………………………… 90
꿈틀거리는 고기 ………………………………………………… 92
고기를 줄이면 더 건강해져요 ………………………………… 94
모두가 고기를 먹을 수 있을까요? …………………………… 96
이제 무엇을 해야 할까요? ……………………………………… 99

고기를 먹는다는 것 《이토록 불편한 고기》 추천사 ………… 102

# 고기가 먹고 싶어요

사람은 꼭 고기를 먹어야 할까요?
고기를 먹는 게 몸에 좋을까요?
우리는 어떤 동물을, 얼마나 많이 먹을까요?
그리고 소시지는 어떻게 만들까요?

# 사람은 잡식 동물

생태계에는 여러 먹이 사슬이 있어요. 모든 먹이 사슬은 나뭇잎, 열매 같은 식물에서 시작해요. 식물은 대개 동물한테 먹혀요. 식물을 먹는 동물은 더 큰 동물에게 먹히고요. 먹이 사슬 끝에는 사자처럼 천적도 없고 누구에게도 잡아먹히지 않는 동물이 있어요. 이런 먹이 사슬은 수백만 년 동안 끊임없이 이어져 왔지요.

여러 먹이 사슬이 있지만 그 가운데 동물 먹이 사슬을 살펴볼게요. 동물 먹이 사슬의 맨 처음엔 초식 동물이 있어요. 나머지는 모두 육식 동물이에요.

혹시 작은 동물은 식물을 먹고, 큰 동물은 고기를 먹는다고 생각하나요? 그건 아니에요. 코끼리처럼 아주 크고 강한 동물도 식물을 먹고, 무당벌레처럼 작은 동물도 고기를 먹어요. 무당벌레는 진딧물 같은 다른 곤충을 잡아먹죠.

그런데 초식 동물과 육식 동물만 있을까요? 아니에요. 잡식 동물도 있어요. 잡식 동물은 식물도 먹고 동물도 먹어요. 불곰이 그렇지요. 돼지와 사람도 잡식 동물이에요.

포유동물은 생김새만 보아도 초식 동물인지, 육식 동물인지 알 수 있어요. 이빨을 확인하면 돼요. 육식 동물은 이빨이 뾰족하고 날카로워요. 그래서 고기를 잘 찢을 수 있지요. 초식 동물은 어금니가 커서 식물을 잘 으깰 수 있어요.

육식 동물과 초식 동물은 창자 길이도 달라요. 육식 동물은 창자가 짧고, 초식 동물은 창자가 길어요. 고기는 금방 소화되지만, 풀은 소화하는 데 시간이 오래 걸리기 때문이에요. 사람의 이빨과 창자는 초식 동물과 잡식 동물의 중간쯤이에요.

사람은 잡식 동물이기 때문에 식물과 고기 모두에서 영양분을 얻어요. 고기를 전혀 먹지 않고 식물만 먹으면서 살 수도 있어요. 초식 동물처럼요. 이런 사람을 '채식주의자'라고 해요.

반대로 식물은 전혀 먹지 않고 고기만 먹으면서 살 수도 있어요. 북극 지방에 사는 이누이트는 고기만 먹어요. 고기에서 필요한 영양소를 모두 섭취한답니다.

# 석기 시대로 돌아가자고요?

석기 시대 사람들처럼 먹는 게 건강에 좋다고 주장하는 사람들이 있어요. 그렇게 먹는 게 '자연스럽다'는 거죠. 우리가 지금 먹는 방식은 인공적이라 몸에 좋지 않대요. 대체 석기 시대 사람들이 어떻게 먹었기에 이렇게 주장하는 걸까요?

구석기 시대 사람들은 농사가 발명되기 전까지 수렵과 채집으로 음식을 구했어요. 사냥을 하며 과일, 채소, 곡물을 채집해서 먹었죠. 가축은 기르지 않았고요.

하지만 구석기 시대 사람들이 모두 같은 음식을 먹으며 생활한 건 아니에요. 중동 지역에 살던 사람들은 고기를 적게 먹었어요. 주변에 맛 좋은 풀이 많았거든요.

유럽 북부와 중부 지역에 살던 사람들은 고기를 많이 먹었어요. 매머드 같은 큰 동물을 사냥할 수 있었기 때문이죠. 그렇다고 날마다 고기를 먹은 건 아니에요. 큰 동물을 사냥했을 땐 며칠 동안 양껏 먹고, 그 뒤로는 오랫동안 고기를 먹지 못하기도 했어요.

이런 불규칙한 식생활은 농사가 발명되고 나서야 바뀌었어요. 곡물이 풍부해지자 음식을 저장할 수 있게 되었고, 그러면서 정해진 시간에 규칙적으로 먹기 시작했어요.

가축을 기른 뒤에는 우유와 유제품도 먹게 되었어요. 처음에는 젖을 먹는 아기들만 우유를 먹었어요. 어른들은 우유를 먹으면 배탈이 났지요. 어른에게는 우유를 소화시키는 효소가 없었거든요.

그러다가 점점 사람 몸이 우유에 익숙해지면서 어른도 우유를 마시게 되었어요. 그런데 우유가 풍족하지 못한 지역에 살았던 사람들의 후손은 지금도 우유를 잘 마시지 못해요. 몸에 우유를 소화시키는 효소가 여전히 부족하기 때문이죠.

지금까지 살펴본 것처럼 석기 시대 사람들은 저마다 다르게 먹었어요. 그러니까 사람 몸에 딱 맞는 석기 시대 음식 같은 건 없어요. 그저 사람은 쉽게 구할 수 있는 음식에 적응해 왔을 뿐이에요.

# 영양분을 얻는 방법은 다양해요

채식주의자는 주로 식물을 먹어요. 하지만 채식주의자라고 해서 다 똑같지는 않아요. 고기를 먹는 사람도 마찬가지예요. 지금부터 먹는 방식에 대한 다양한 용어를 알아볼까요?

### 채식주의자

사람들이 채식주의자가 되기로 결심한 이유는 다양해요. 어떤 사람은 동물이 죽는 게 안타까워 채식주의자가 됐어요. 가축을 기르는 일이 환경을 해친다고 생각해서 채식주의자가 된 사람도 있지요. 독일에서는 백 명에 열 명, 우리나라에서는 백 명에 두 명이 채식주의자예요.*

### 프루테리언

'프루트(Fruit)'는 영어로 과일을 뜻해요. 프루테리언은 동물뿐만 아니라 식물의 생명도 해치지 않으려고 해요. 그래서 식물의 잎이나 뿌리도 먹지 않아요. 과일이나 견과류처럼 식물이 자발적으로 주는 열매만 먹지요. 곡물도 먹어요. 곡물을 추수할 때 그 곡물은 이미 죽은 상태거든요.

### 비건

영어로 채식주의자를 뜻하는 '베지테리언(Vegetarian)'의 'veg'와 'an'이 결합해 만들어진 단어예요. 비건은 오로지 식물만 먹고, 고기는 물론, 해산물, 우유나 달걀, 유제품, 꿀도 안 먹어요. 가죽 제품도 사용하지 않아요.

### 락토 오보 베지테리언

'락토(Lacto)'는 라틴어로 젖을 뜻해요. '오보(Ovo)'는 알을 의미하지요. 락토 오보 베지테리언은 식물과 달걀, 우유를 포함한 유제품은 먹어요. 해산물과 고기는 먹지 않아요.

**플렉시테리언**이라고 부르는 사람들도 있어요. 이들은 채식주의를 중요하게 생각하고 잘 지키려고 노력하지만 상황에 따라 융통성 있게 고기를 먹기도 해요.

**페스코 베지테리언**
'페스코(Pesco)'는 라틴어로 생선을 뜻해요. 페스코 베지테리언은 식물, 우유, 달걀, 유제품, 그리고 물고기를 비롯한 해산물은 먹어요. 땅에서 나는 고기는 먹지 않지요.

**폴로 베지테리언**
'폴로(Pollo)'는 스페인어로 조류를 뜻해요. 폴로 베지테리언은 식물, 우유, 달걀, 유제품, 해산물과 닭, 오리, 거위 같은 날짐승 고기만 먹어요. 붉은 고기는 먹지 않아요.

나머지 사람들은 대부분 모든 고기를 먹어요.

# 세계인이 먹는 갖가지 고기 요리

고기를 먹지 않은 나라는 거의 없어요. 사람들이 가장 많이 먹는 고기는 돼지, 소, 닭, 염소, 양 들이에요. 사람들은 고기를 점점 더 많이 먹어요. 부유한 나라뿐만 아니라 아시아, 아프리카, 중남미 개발 도상국의 고기 소비량도 늘고 있어요.

고기 소비량이 늘어나는 과정은 세계 어디서나 비슷해요. 중국을 예로 들어 볼게요. 가난할 때는 많은 사람이 거의 채소만 먹고 살았어요. 채소가 좋아서가 아니라 고기가 너무 비싸서 먹을 수 없었거든요. 중국 사람들은 1961년 한 해 동안 1인당 평균 4킬로그램의 고기를 먹었어요.

생활 수준이 높아지면서 중국인들은 이전에는 사 먹기 어려웠던 고기를 점점 더 많이 먹게 되었어요. 그 결과, 중국 사람들은 2013년 한 해 동안 1인당 평균 62킬로그램의 고기를 먹었어요. 이 양은 독일 사람 한 명이 한 해 동안 먹은 고기 양과 똑같아요.

지금은 누구나 고기 먹는 걸 당연하게 여겨요. 어떤 고기를 먹을지 고민하는 사람도 생겼지요. 예를 들어, 어떤 사람들은 붉은 고기보다 흰 고기를 더 많이 먹어요. 흰 고기가 더 건강한 음식이기 때문이래요.

## 북아메리카

**캐나다**: 투르티에르 (고기와 감자로 만든 파이)

**미국**: 양배추 샐러드와 감자튀김을 곁들인 소고기 햄버거

## 아프리카

**나이지리아**: 수야(소고기나 닭고기 꼬치구이)와 푸푸 (바나나와 카사바로 만든 죽)

**에티오피아**: 채소, 고기를 곁들인 인제라 (크고 납작한 빵)

## 유럽

**덴마크**: 핫도그 (빵 사이에 소시지를 끼운 요리)

**러시아**: 보르시(소고기와 사탕무로 끓인 수프)

**그리스**: 무사카(가지, 다진 고기, 토마토를 넣고 구운 요리)

## 오세아니아

**오스트레일리아**: 바비큐 요리(석쇠 요리), 에뮤(타조와 비슷한 새) 또는 캥거루 스테이크

## 중앙아메리카와 남아메리카

**콜롬비아**: 달걀 프라이, 콩, 익힌 바나나, 아보카도를 곁들인 돼지고기 튀김

**파나마**: 바나나 잎으로 싼 타말레스(닭고기, 건포도, 토마토 소스가 들어간 옥수수 죽)

## 아시아

**베트남**: 닭고기가 들어간 쌀국수

**라오스**: 랍(고기와 허브로 만든 샐러드)과 밥

**아르메니아**: 양고기, 가지, 라바시(납작한 빵), 데친 밀

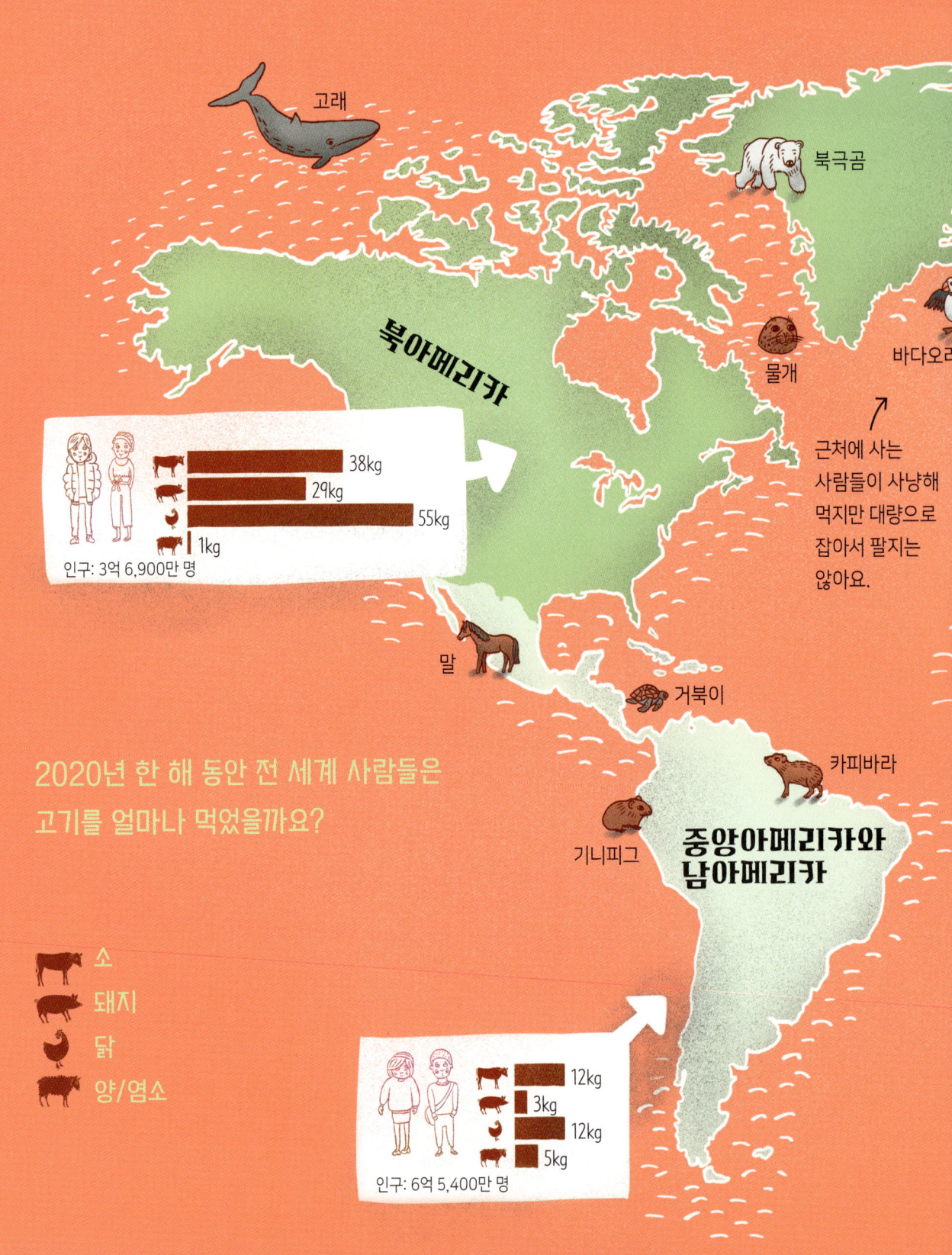

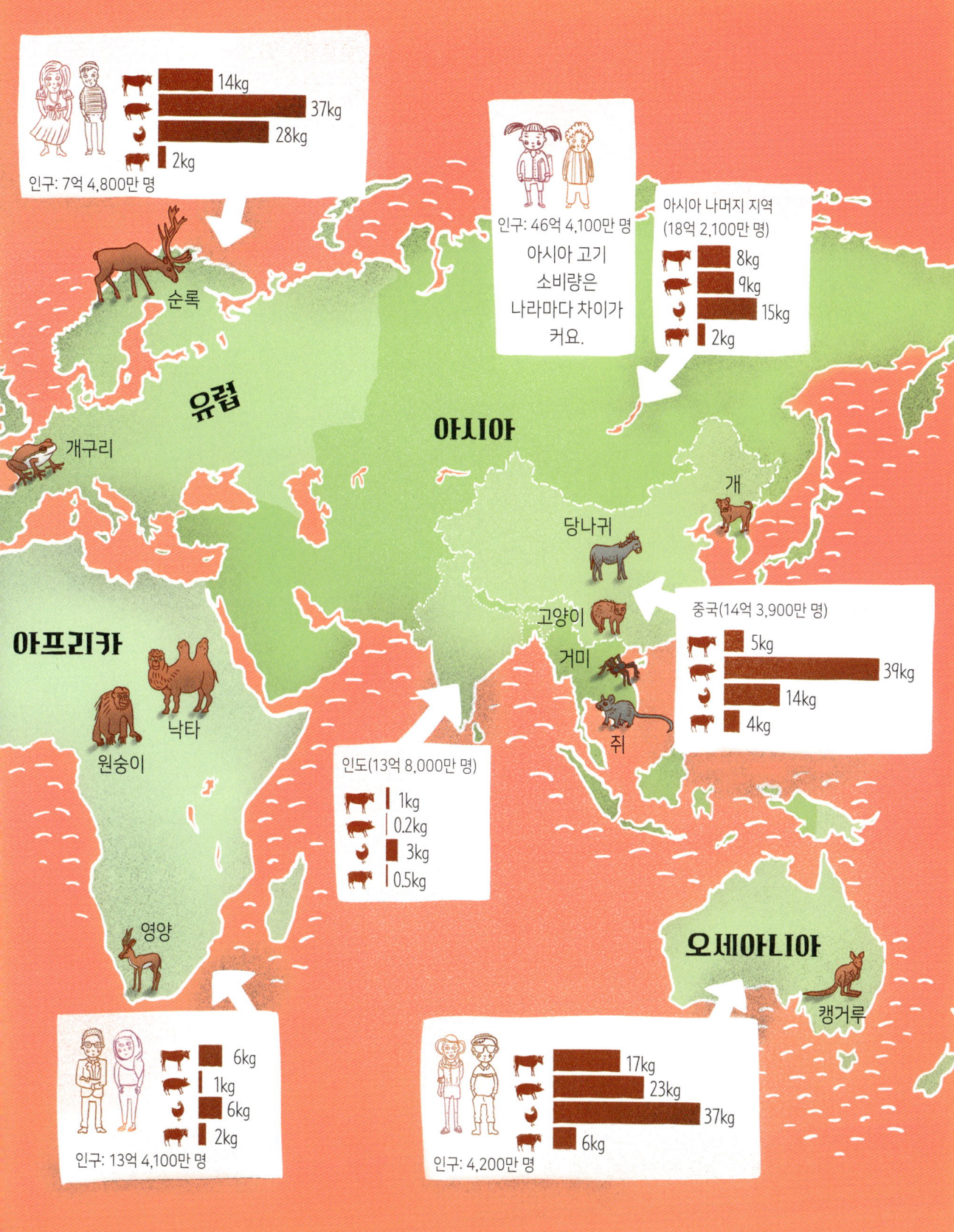

# 금지된 고기

앞 장의 지도를 잘 보았다면 궁금한 점이 생겼을 거예요. 인도 사람들은 왜 소고기를 거의 안 먹을까요? 그건 인도에 힌두교를 믿는 사람들이 많이 살기 때문이에요. 힌두교 신자는 소고기를 먹지 않거든요.

힌두교처럼 특정 음식을 먹지 않도록 규칙을 정한 종교들이 있어요. 신자들은 그 규칙을 따르기 위해 노력해요.

### 기독교

기독교인, 특히 천주교인은 금요일에 물고기를 먹어요. 금요일은 예수가 십자가에 못 박힌 날이라 고기 같은 사치스러운 음식을 먹지 않는 거예요. 일부 기독교인은 부활절을 앞둔 사순절 기간에도 고기를 먹지 않아요.

### 힌두교

인도 사람 대부분이 힌두교 신자예요. 힌두교 신자는 소를 신성한 존재로 생각해요. 그래서 도로 한가운데서 소를 만나도 소가 먼저 지나갈 때까지 기다려요. 물론 소고기도 절대 먹지 않는답니다.

### 이슬람교

이슬람교를 믿는 무슬림은 돼지고기를 절대 먹지 않아요. 소나 양 같은 다른 동물들도 정해진 방법에 따라 도축한 것만 먹어요. 도축은 고기를 얻기 위해 동물을 죽이는 일을 말해요.
무슬림은 동물을 도축할 때 동물의 목을 베고 피를 완전히 빼요. 동물의 피가 순수하지 않다고 생각하거든요. 이런 방법으로 얻은 고기처럼 무슬림이 먹고 쓸 수 있도록 허용된 것을 '할랄'이라고 불러요.

### 유대교

유대교의 음식 규정은 엄격해요. 유대교 신자도 무슬림처럼 돼지고기를 먹지 않아요. 발굽이 갈라지고 되새김질을 하는 동물인 소, 양, 염소와 물고기만 먹어요. 동물을 도축하는 일도 유대교 신자가 해야 하지요.
유대교에서 먹도록 허용한 음식을 '코셔'라고 해요. 코셔로 인정받으려면 다른 규정도 지켜야 해요. 예를 들어 고기와 유제품을 함께 조리하면 안 돼요. 고기는 소금으로 문질러 피를 완전히 제거해야 하지요.

### 불교

불교 신자는 동물의 생명을 매우 중요하게 여겨요. 사람이 죽으면 동물로 다시 태어난다고 생각하거든요. 그래서 불교에는 고기를 먹지 말라는 분명한 규정은 없지만, 불교 신자 대부분이 채식을 해요.

# 사람들은 고기를 얼마나 먹을까요?

몇백 년 전 사람들은 지금보다 고기를 더 많이 먹었어요. 중세에는 독일 사람 한 명이 한 해에 100킬로그램이 넘는 고기를 먹었어요. 그때는 농부가 많았고 그들이 직접 가축을 길러서 잡아먹었기 때문이에요.

하지만 인구가 크게 증가하면서 19세기 사람들에게 고기는 값비싼 음식이 되었어요. 이때 유럽인은 한 해에 고기를 겨우 14킬로그램밖에 먹지 못했어요.

오늘날 독일에는 가난해서 고기를 못 먹는 사람은 없어요. 보통 독일 가정에서는 고기와 소시지를 사는 데 한 달에 약 41유로를 써요. 20년 전보다 적은 액수예요. 수입이 늘어났는데도 그래요.

지난 40년 동안 독일 사람 한 명이 해마다 고기를 60킬로그램 정도 먹었어요. 남자가 여자보다 두 배를 더 먹고, 가난한 사람들이 부자보다 더 먹었지요.

그리고 소고기와 돼지고기는 덜 먹고, 날짐승 고기는 더 많이 먹게 되었어요. 이건 좋은 소식이에요. 소고기나 돼지고기 같은 붉은 고기는 날짐승 고기보다 건강에 더 해롭거든요.

## 독일 사람들의 고기 소비량 비교

**과거 (1979)**
약 40년 전, 독일 사람들은
한 해에 64킬로그램의
고기를 먹었어요.

**현재 (2018)**
오늘날에는 고기를 먹는 양이 약간 줄어서
1년에 59킬로그램을 먹어요.
여전히 돼지고기를 가장 많이 먹지만,
두 번째로 많이 먹는 고기는
소고기에서 날짐승 고기로 바뀌었어요.

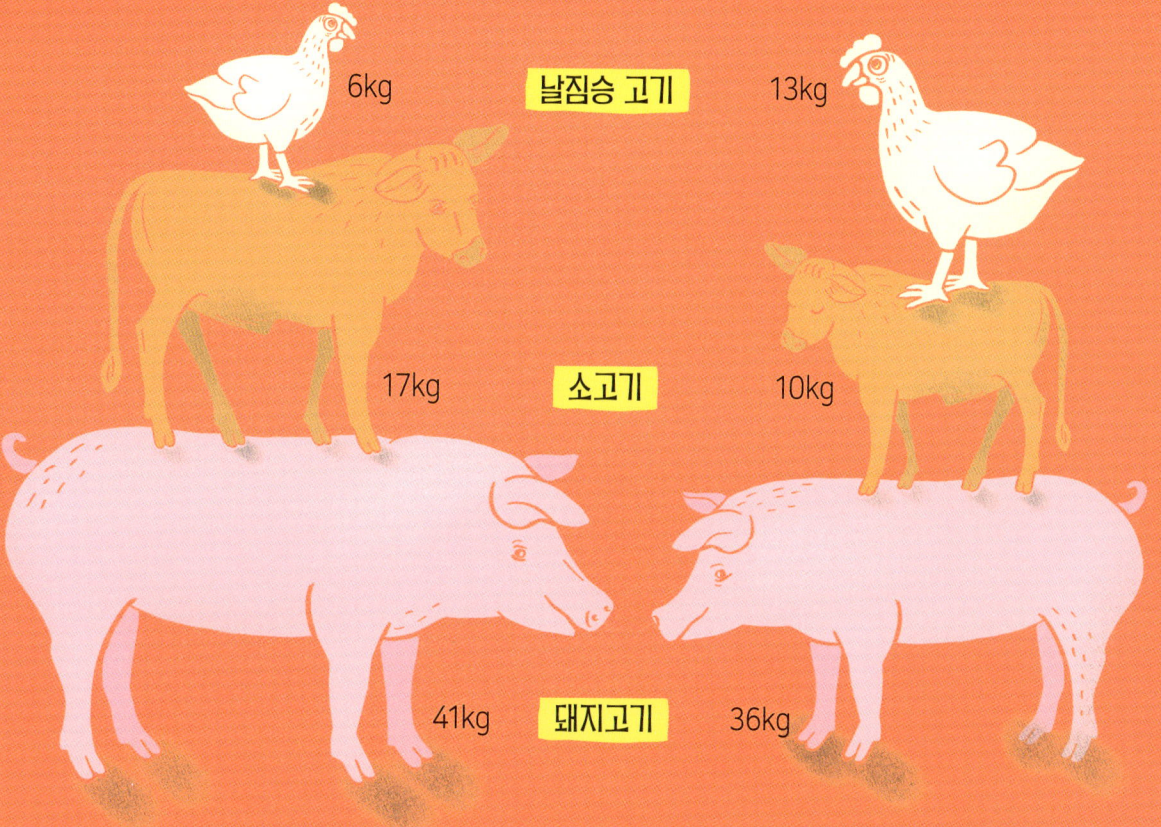

6kg　　　　날짐승 고기　　　　13kg

17kg　　　　소고기　　　　10kg

41kg　　　　돼지고기　　　　36kg

　그렇다면 우리나라 사람들은 고기를 얼마나 먹을까요? 2018년 한 해에 우리나라 사람 한 명당 고기 53.9킬로그램을 먹었어요. 1980년에 우리나라 사람 한 명당 11.3킬로그램을 먹었으니 거의 다섯 배가 된 셈이지요.*

# 평생 몇 마리나 먹을까요?

우리가 평생 먹는 동물의 수를 보세요. 이 정도면 큰 농장 하나쯤은 거뜬히 차릴 수 있겠죠? 물론 이 숫자가 정확한 건 아니에요. 우리가 정확하게 아는 건 2019년에 독일 사람 한 명이 먹은 동물의 수예요. 그 수에다 독일 사람 평균 수명인 80을 곱한 결과가 여기 나온 숫자예요.

그림에는 없지만 독일 사람은 평생 염소 반 마리와 말 반 마리도 먹어요.

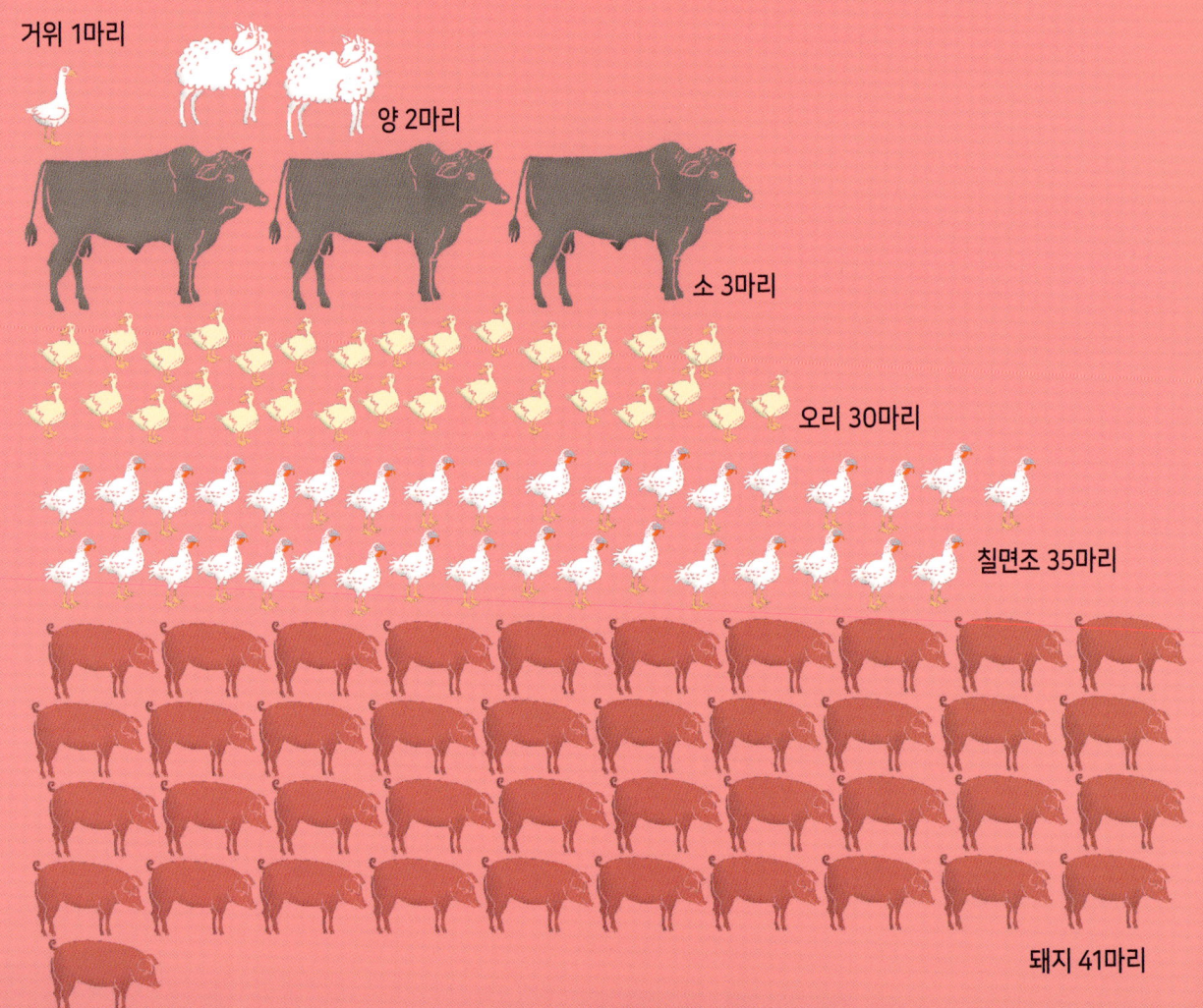

거위 1마리
양 2마리
소 3마리
오리 30마리
칠면조 35마리
돼지 41마리

닭 723마리

## 주둥이부터 꼬리까지

간을 좋아하나요? 콩팥은 어때요? 많은 어린이가 내장을 먹으라고 하면 싫어해요. 어른들도 내장을 점점 덜 먹죠. 1984년에는 독일 어른 한 명이 간, 콩팥, 심장을 1.5킬로그램이나 먹었어요. 하지만 지금은 겨우 100그램만 먹지요.

슈퍼마켓에 주로 진열된 고기는 사람들이 좋아하는 살코기예요. 소고기 등심이나 닭가슴살 같은 것들이죠. 하지만 살코기는 동물 전체 무게의 3분의 1밖에 안 돼요. 살코기 말고도 먹을 수 있는 부위가 많아요.

나머지 부위도 살코기만큼 맛있고 영양가도 높아요. 그러니까 먹지 않고 버리면 큰 낭비예요. 옛날에는 농장에서 가축을 잡으면 거의 모든 부위를 먹었어요.

오늘날에도 옛날처럼 동물의 주둥이부터 꼬리까지 모든 부위를 먹어야 한다고 말하는 사람들이 있어요. 몇몇 식당은 사람들이 외면하는 부위의 고기로 맛있는 요리를 만들어 팔아요.

사람들이 내장을 좋아하게 만드는 방법이 없을까요? 사람들은 생김새 때문에 내장을 싫어해요. 그러니 내장을 갈아서 소시지에 넣으면 얼마든지 먹을 수 있을 거예요.

**우리가 즐겨 먹는 돼지고기 부위**

**우리가 즐겨 먹지 않는 돼지고기 부위**

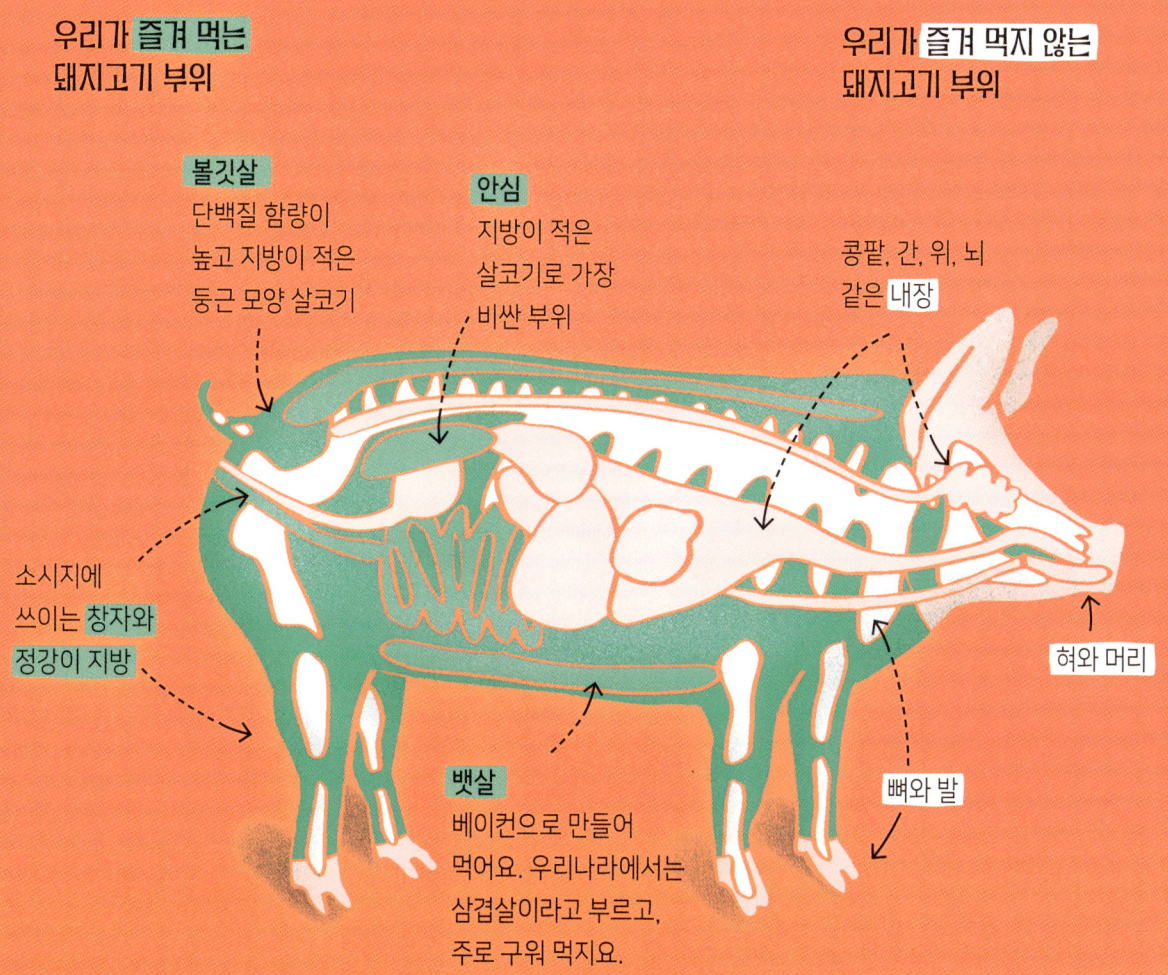

**볼깃살**
단백질 함량이 높고 지방이 적은 둥근 모양 살코기

**안심**
지방이 적은 살코기로 가장 비싼 부위

콩팥, 간, 위, 뇌 같은 내장

소시지에 쓰이는 창자와 정강이 지방

**뱃살**
베이컨으로 만들어 먹어요. 우리나라에서는 삼겹살이라고 부르고, 주로 구워 먹지요.

혀와 머리

뼈와 발

# 소시지는 어떻게 만들까요?

비엔나소시지를 싫어하는 어린이는 없을 거예요.
지금부터 소시지 만드는 법을 알려 줄게요.

소시지 공장에서는 위생을 철저히 관리해요. 모든 사람이 모자, 장갑, 마스크를 쓰죠.

기계에서 매우 큰 소음이 나서 귀마개를 쓰기도 해요.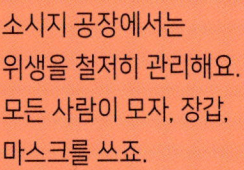

### 고기 섞기
돼지의 어깨 살, 뱃살, 그리고 소고기도 넣어요.

### 그라인더
기계가 돌아가며 고기를 잘게 조각내요.

### 비엔나소시지냐? 프랑크푸르트 소시지냐?
독일어를 쓰는 나라에서는 소시지를 '비엔나소시지'라고 불러요. 하지만 비엔나가 수도인 오스트리아에서는 '프랑크푸르트 소시지'라고 부르지요. 1805년에 프랑크푸르트 출신 정육점 주인이 소시지를 만들어 팔았는데, 그게 유명해졌어요. 그래서 이런 혼란이 생긴 거예요.

### 소시지의 영양가
소시지 100그램에는 단백질 15그램과 지방 27그램이 들어 있어요.

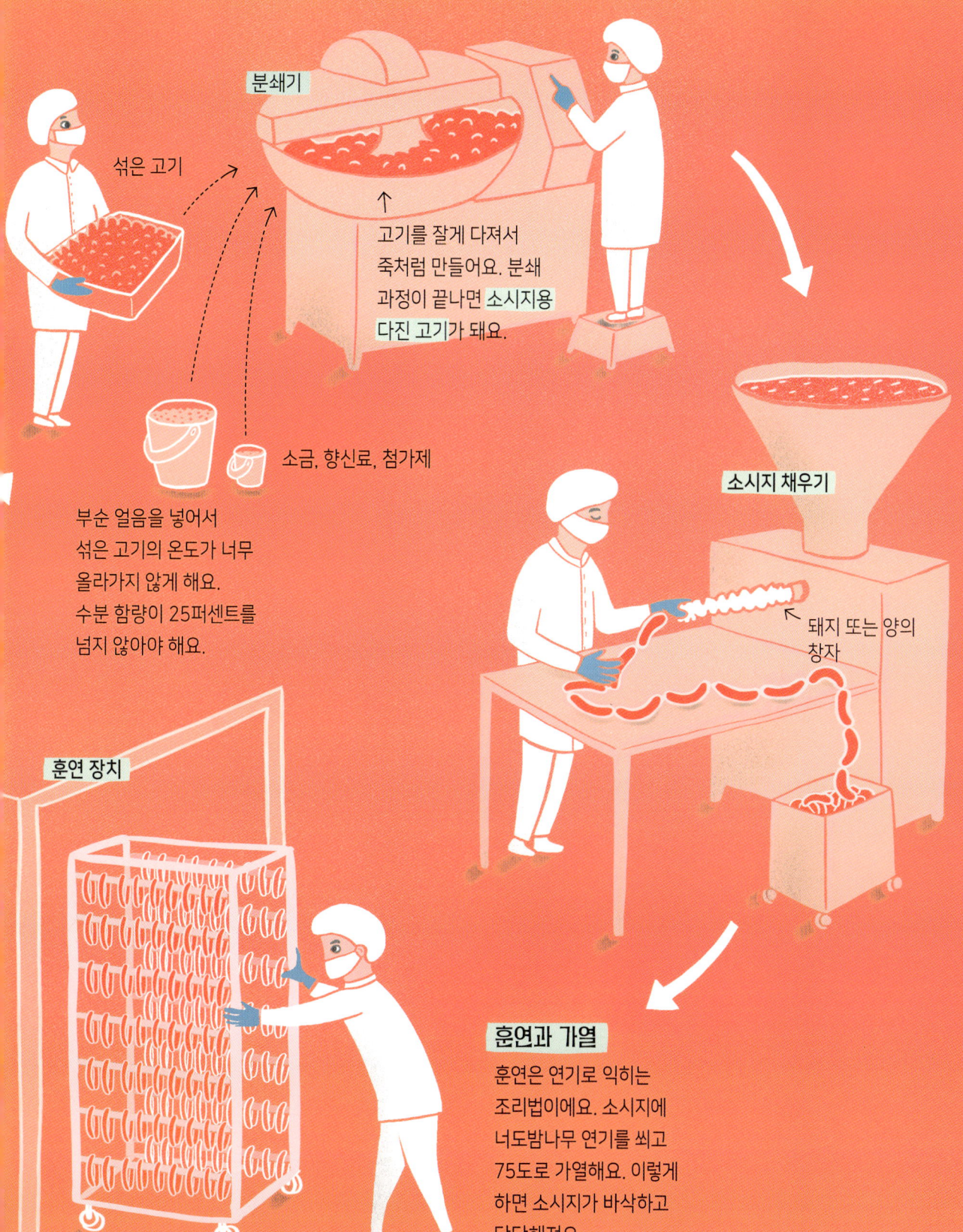

# 고기는 건강에 좋은 음식일까요?

모든 음식이 몸에 좋은 건 아니에요. 사탕이나 아이스크림은 맛있지만, 그것만 먹으면 몸에 필요한 영양소가 부족해져요. 그러면 어떻게 먹어야 건강해질 수 있을까요? 건강해지려면 고기를 꼭 먹어야 할까요?

건강하게 먹으려면 두 가지를 알아야 해요. 첫째, 우리 몸에는 어떤 영양소가 필요할까요? 둘째, 어떤 음식에 그런 영양소가 들어 있을까요?

우리 몸에 중요한 세 가지 영양소를 '3대 영양소'라고 해요. 탄수화물, 지방, 단백질이죠. 이 세 가지가 우리가 먹는 영양소의 거의 대부분을 차지해요.

**탄수화물**
감자, 국수, 밥 등 당을 포함한 거의 모든 음식에 들어 있어요.

**지방**
버터, 기름, 기름진 고기와 물고기에 들어 있어요.

**단백질**
고기에 들어 있어요. 달걀, 콩, 땅콩 같은 견과류와 유제품에도 들어 있지요.

3대 영양소를 골고루 먹어야 하는데, 우리가 먹는 음식의 50퍼센트는 탄수화물, 30퍼센트는 지방, 20퍼센트는 단백질을 먹는 게 가장 좋아요. 고기를 먹는 사람들이나 채식주의를 엄격하게 지키는 비건이나 모두 이런 비율대로 먹으려고 노력해야 해요. 고기를 먹지 않고도 이 비율을 지킬 수 있어요.

우리 몸에는 미량 영양소와 비타민도 필요해요. 미량 영양소는 음식에 아주 적게 들어 있지만, 우리 몸에 아주 중요해요. 미량 영양소 중 하나인 철은 피를 만드는 데 꼭 필요해서 챙겨 먹어야 해요. 그렇다고 못이나 나사를 먹으라는 말이 아니라는 건 알죠?

고기는 철이 풍부한 음식이에요. 여러 비타민도 많이 들어 있지요. 하지만 고기 말고도 다양한 음식에서 미량 영양소와 비타민을 섭취할 수 있어요. 그런데 비타민 B12는 고기에만 들어 있어요. 그래서 고기를 전혀 먹지 않는 비건에게는 비타민 B12가 들어간 영양제를 권장하지요.

고기는 대부분 단백질로 이루어져 있어요. 하지만 지방이 많이 든 고기도 있어요. 예를 들어, 어린이들이 좋아하는 고기 소시지는 거의 3분의 1이 지방이에요. 많은 전문가가 식단에 고기를 포함하는 게 좋다고 말하지만 너무 많이 먹지는 말아야 해요.

한 장 넘기면, 어떻게 먹는 게 건강한지 알려 주는 음식 피라미드가 나와요. 고기를 얼마나 먹어야 하는지도 알게 될 거예요. 사실, 요즘 사람들은 고기를 너무 많이 먹는답니다!

**음식 피라미드**

하루에 어떤 음식을 얼마나 먹어야 할까요? 음식 피라미드를 살펴보세요.

사탕과 과자

두 손으로 음식 양을 가늠해 보세요. 동그라미 하나가 두 손 가득 담긴 음식 양과 같아요.

견과류 / 달걀, 물고기, 고기

→ 햄과 소시지도 여기에 들어가요.

우유와 유제품

→ 유제품에는 치즈와 요구르트 들이 있어요.

감자와 곡물

→ 여기에는 감자, 쌀, 국수, 빵, 시리얼 들이 들어가요.

채소와 샐러드 / 과일

여러분이 먹는 음식과 음식 피라미드를 비교해 보세요. 어떤 음식을 더 많이 먹고 어떤 음식을 덜 먹어야 하는지 알 수 있을 거예요.

음식 피라미드를 보면, 탄수화물은 주로 채소, 과일, 곡물에 들어 있어요. 지방은 치즈 같은 유제품과 견과류 그리고 고기와 소시지에 들어 있지요.

지방에 대해 한 가지 더 알아 둘 점이 있어요. 지방에는 동물성 지방과 식물성 지방이 있는데, 동물성 지방은 땅에 사는 동물에서 얻는 지방을 말해요. 동물성 지방이 많이 들어 있는 음식에는 버터나 베이컨 들이 있어요.

식물성 지방은 식물의 씨나 열매에서 꺼낸 지방을 말해요. 식물성 지방은 동물성 지방과 달리 우리 몸에 쌓이지 않아요. 그래서 동물성 지방보다 더 건강한 음식이지요.

음식 피라미드에서 고기와 소시지를 나타내는 그림이 하나뿐인 걸 보고 다들 놀랐을 거예요. "오늘 반찬 뭐예요?"라고 물으면 부모님은 늘 닭고기 아니면 돼지고기 소고기라고 대답했을 테니까요. 식탁의 주인공은 언제나 고기 요리고, 다른 음식은 주인공인 고기 요리를 꾸며 주는 조연이었을 거예요. 하지만 식품 영양 전문가들은 고기 요리가 조연이 되어야 한다고 말해요.

음식 피라미드처럼 먹으면 건강에 좋아요. 그렇다고 먹을 때마다 음식을 저울에 달아 보라는 건 아니에요. 가끔 찾아보면서 몸에 필요한 음식을 골고루 먹는지 점검해 보기만 해도 돼요.

가끔 건강에 꼭 좋은 음식이 아닌데도 먹고 싶은 마음이 생길 거예요. 그 음식이 필요하다고 몸이 보내는 신호니까, 그럴 때는 맛있게 먹어도 괜찮아요. 단, 많이 먹지는 마세요.

# 우리가 먹는 동물들

우리가 먹는 동물들은 어떻게 살까요?
농장에서 동물들이 사는 공간은 얼마나 넓을까요?
농장에 사는 동물들은 어떤 음식을 먹을까요?
트럭에 실려 운반되는 동물은 왜 그렇게 많을까요?
우리가 먹는 동물들은 어떤 방법으로 죽을까요?

# 사랑받는 동물, 먹히는 동물

요즘은 많은 사람이 반려동물과 함께 살아요. 혹시 여러분도 개나 고양이와 함께 살지 않나요? 누구나 같이 사는 동물이 죽으면 슬플 거예요. 동물을 가족처럼 생각하고 보살펴 왔으니까요. 반려동물을 먹는 일은 상상도 못 했을 테죠.

하지만 여러분이 가족으로 여기는 동물들도 누군가에겐 음식 취급을 받아요. 중국 일부 지역 사람들은 개나 고양이를 별미로 먹어요. 독일 사람들은 말고기를 즐겨 먹지요.

토끼는 어떨까요? 어떤 사람들은 토끼를 귀여운 반려동물로 생각하지만, 어떤 사람들은 토끼를 키워서 잡아먹어요.

혹시 고기를 즐겨 먹나요? 그렇다면 돼지, 닭, 소가 어떻게 사는지 아나요? 아마 잘 모를 거예요. 동물이 죽는 모습도 본 적이 거의 없을 거예요.

사람들은 보통 정육점이나 슈퍼마켓에서 고기를 사지만, 고기가 어떤 과정을 거쳐서 그곳까지 왔는지는 잘 알지 못해요. 또 궁금해하지도 않고요. 옛날에는 어른들이 제 손으로 동물을 잡았지만 요즘에는 그러는 어른이 거의 없어요.

고기를 먹으려고 동물을 죽여도 될까요? 어떤 사람들은 이렇게 말해요. "나는 동물이 죽는 걸 바라지 않아요. 고기를 먹지 않을 거예요. 난 채식주의자가 될 거예요."

이렇게 말하는 사람들도 있지요. "자연에서 한 동물이 다른 동물을 잡아먹는 일은 아주 자연스러운 행동이에요. 사슴을 잡아먹는다고 사자를 비난할 수 없듯이, 고기를 먹는 사람을 욕할 순 없어요."

그러나 육식이 비난받을 일이 아니라고 해서, 동물을 함부로 대해도 된다는 뜻은 아니에요. 동물도 감정이 있고 고통을 느껴요.

독일 동물 복지법에는 이런 내용이 있어요. "타당한 이유 없이 동물에게 고통을 주거나 동물을 괴롭혀서는 안 된다."

우리나라 동물보호법에도 비슷한 내용이 있어요. 동물보호법 제3조 동물보호의 기본 원칙을 보면, "동물이 고통, 상해 및 질병으로부터 자유롭도록 할 것"이라고 쓰여 있어요.*

독일에서는 동물을 어떻게 기르고 어떻게 죽여야 하는지 법으로 정했어요. 앞으로 그중 몇 가지를 소개할 거예요. 많은 사람이 이 법률이 충분하지 않다고 생각해요. 그들은 농장에서 기르는 동물을 보호하려면 더 강력한 규정이 필요하다고 주장해요.

얼마든지 고기를 먹을 수는 있어요. 하지만 고기를 제공하는 동물들이 성장하고 죽는 과정에서 고통을 당하는 일은 없어야 해요.

# 가축을 키우는 방법

농장 생활을 다룬 책을 읽은 적이 있나요? 소들이 초원에서 풀을 뜯고, 닭들이 마당에서 꼬끼오 하고 울면서 날개를 퍼덕이고, 돼지가 진흙탕에서 뒹구는 모습을 보았을 거예요. 농장 가족들은 가축 하나하나를 소중하게 돌보고요.

지금도 가축을 소중하게 돌보는 농장이 있지만, 그 수가 점점 줄어들고 있어요. 보통은 수많은 가축을 엄청나게 큰 우리에 가두어 키우지요. 이런 농장을 '공장식 농장'이라고 해요.

공장식 농장에서 생산하는 고기는 전통 농장에서 생산하는 고기보다 싸요. 공장식 농장에서 사는 가축들 대부분이 평생 우리 바깥으로 나가지도 못하고 좁은 공간에서 살죠.

지금부터 공장식 농장에서 벌어지는 일을 보여 줄게요. 공장식 농장과 다르게 엄격한 규정을 지키며 운영되는 유기농 농장도 함께 소개할 거예요.

사람들한테 공장식 농장에서 가축들이 어떻게 지내는지 알려 주면, 대부분 끔찍하다고 말할 거예요. 하지만 그렇게 말하는 사람들도 고기를 먹지 않거나 전통 농장에서 키운 비싼 고기를 사겠다고 마음먹지는 않을 거예요.

그 대신에 애써 눈을 돌려 모른 척할 거예요. 돈가스와 소시지가 어디에서 어떤 과정을 거쳐서 오는지 모르는 게 마음이 편할 테니까요.

몇백 년 전에 가축을 기르던 방식으로 되돌아갈 수는 없을 거예요. 그렇다면 가축들에게 고통을 주거나 환경을 파괴하지 않으면서, 점점 늘어나는 세계 인구가 먹을 고기를 생산할 방법은 없을까요? 많은 환경 단체와 동물복지단체가 그 방법을 찾으려고 노력하고 있어요. 정치가들도 나섰고요.

한 가지는 분명해요. 가축들이 더 좋은 환경에서 지내기를 바란다면, 지금처럼 싼값에 고기를 살 기대는 하지 말아야 해요.

독일 농장에서 자라는 가축은 2억 마리쯤 돼요. 우리나라 농장에서 자라는 가축도 2억 마리쯤 되지요.* 하지만 초원에서 풀을 뜯는 일부 소를 제외하고, 나머지는 거의 눈에 띄지 않아요.

농장에서 사는 가축 대부분이 평생을 거대한 가축우리에서 보내요. 가축들은 햇빛도 들지 않는 좁은 가축우리에서 옴짝달싹 못 해요.

# 가축들은 이렇게 살아요

**고기닭 :** 고기를 얻으려고 기르는 닭을 말해요. 고기닭의 삶은 짧고 지루해요.

우리나라에서 판매되는 달걀에는 번호가 적혀 있어요. 맨 끝자리 숫자가 닭의 사육 환경을 나타내요.

축사 바깥에서 자유롭게 생활한 닭이 낳은 달걀에는 1이 찍혀 있어요. 축사 안에서 자유롭게 다니면서 자란 닭이 낳은 달걀에는 2가 찍혀 있고요. 좁은 닭장에서 자란 닭이 낳은 달걀에는 3과 4가 찍혀 있는데, 3이 4보다 조금 더 넓은 닭장을 뜻해요. 그러니까 달걀 끝자리 번호가 높을수록 사육 환경이 나쁜 셈이지요.

요리용 닭고기를 살 때도 그 닭이 어떻게 살았는지 알 수 있어요. 동물복지축산농장에서 생산한 닭고기에는 인증 마크가 찍혀 있거든요. 무항생제 마크가 찍힌 요리용 닭고기도 있지요.*

고기닭은 보통 한 우리에서 1만여 마리가 함께 살아요. 우리에는 닭들이 앉기 좋아하는 홰도 없어요. 있다 해도 몸이 무거워서 홰까지 날아오르지 못할 거예요. 사람들이 가슴살을 좋아해서, 가슴이 몸무게의 3분의 1이나 차지하도록 키우기 때문이에요.

고기닭은 짧은 일생을 우리 바닥에서만 지내요. 바닥은 더럽고 매우 좁아요. 가로 1미터, 세로 1미터 바닥에 25마리가 함께 살아요.

**고기닭**

독일에 1억 700만여 마리가 있어요. 이 가운데 98퍼센트가 공장식 농장에서 살아요. 우리나라에도 고기닭 1억 700만여 마리가 살아요. 이 가운데 95퍼센트가 공장식 농장에서 지내요. *

한 우리 안에서 1만 마리에서 4만 마리까지 함께 지내요.

넓은 우리 바닥은 구획 없이 하나로 이어져 있고, 물통과 먹이통은 천장에 매달려 있어요.

### 닭은 원래 이렇게 살았어요

* 암탉 20마리, 어린 수탉 몇 마리, 이들을 지키는 대장 수탉 한 마리가 무리를 지어요.

* 온종일 뛰고, 날개를 퍼덕이고, 땅을 파고, 깃털을 부지런히 다듬어요.

* 하루에 한 번은 모래 목욕을 해요. 건강에 좋은 일이에요.

* 홰나 나뭇가지 위에 모여 앉아서 자는 걸 좋아해요.

## 고기소: 고기소 3분의 2는 초원에 나가 풀을 뜯어 본 적이 없어요.

　옛날 농부들은 우유와 고기를 생산하려고 소를 길렀어요. 소가 자라는 동안에는 우유를 짜고, 다 크면 도축해서 고기를 팔았지요. 지금도 그렇게 소를 기르기도 하지만, 큰 농장에서는 젖소와 고기소를 따로 길러요. 젖소와 고기소는 다른 품종이에요.
　고기소 농장의 소들은 젖소만큼 좋은 대접을 받지 못해요. 소를 온종일 묶어서 키우는 농장도 있죠. 독일에서 키우는 소 중 3분의 1만이 아주 가끔 풀밭에 나와 풀을 뜯어 먹어요.
　공장식 농장에서 자라는 소들은 비좁은 공간에서 생활해요. 다 자란 소 한 마리에게 주어지는 공간은 2.7제곱미터밖에 안 돼요.
　송아지들은 태어나고 얼마 뒤에 어미 소와 떨어뜨려 키워요. 이 방식은 소들의 자연스러운 생활 방식에 어긋나요.
　일부 송아지들은 특별한 고기소 농장으로 보내져 다섯 달이 되면 도축돼요. 어릴 때에 죽임을 당하는 거지요. 이런 송아지들한테는 우유와 분유만 먹여요. 그래야 송아지 고기가 연한 빛깔을 띠는데, 사람들이 그런 고기를 좋아하기 때문이에요. 짧고 불행한 삶이죠.
　하지만 다른 방식으로 운영되는 농장도 있어요. '어미 소 양육 농장'이라는 농장에서는 송아지가 1년 동안 어미 소 곁에서 젖을 먹으며 자라요.

## 송아지와 고기소

농장에서 태어난 송아지들은 몇 주 동안 혼자 지내요.

독일에는 고기소 770만여 마리가 있어요. 이 가운데 95퍼센트가 공장식 농장에서 살아요.

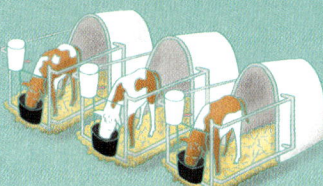

그 뒤에 송아지들끼리 작은 무리를 이루어 지내지요.

### 소는 원래 이렇게 살았어요

* 암소 20여 마리와 송아지들이 무리를 지어 살아요. 황소는 두 살 무렵에 무리를 떠나 홀로 살거나, 다른 황소들과 작은 무리를 이루어 살아요.

* 천천히 풀을 뜯어 먹으며 하루에 몇 킬로미터를 이동해요.

* 안전하게 걸을 수 있는 부드럽고 푹신푹신한 땅이나 풀밭을 좋아해요.

태어난 지 다섯 달이 지나면 더 큰 우리로 옮겨요. 우리 하나에 100마리 이상이 함께 지내요.

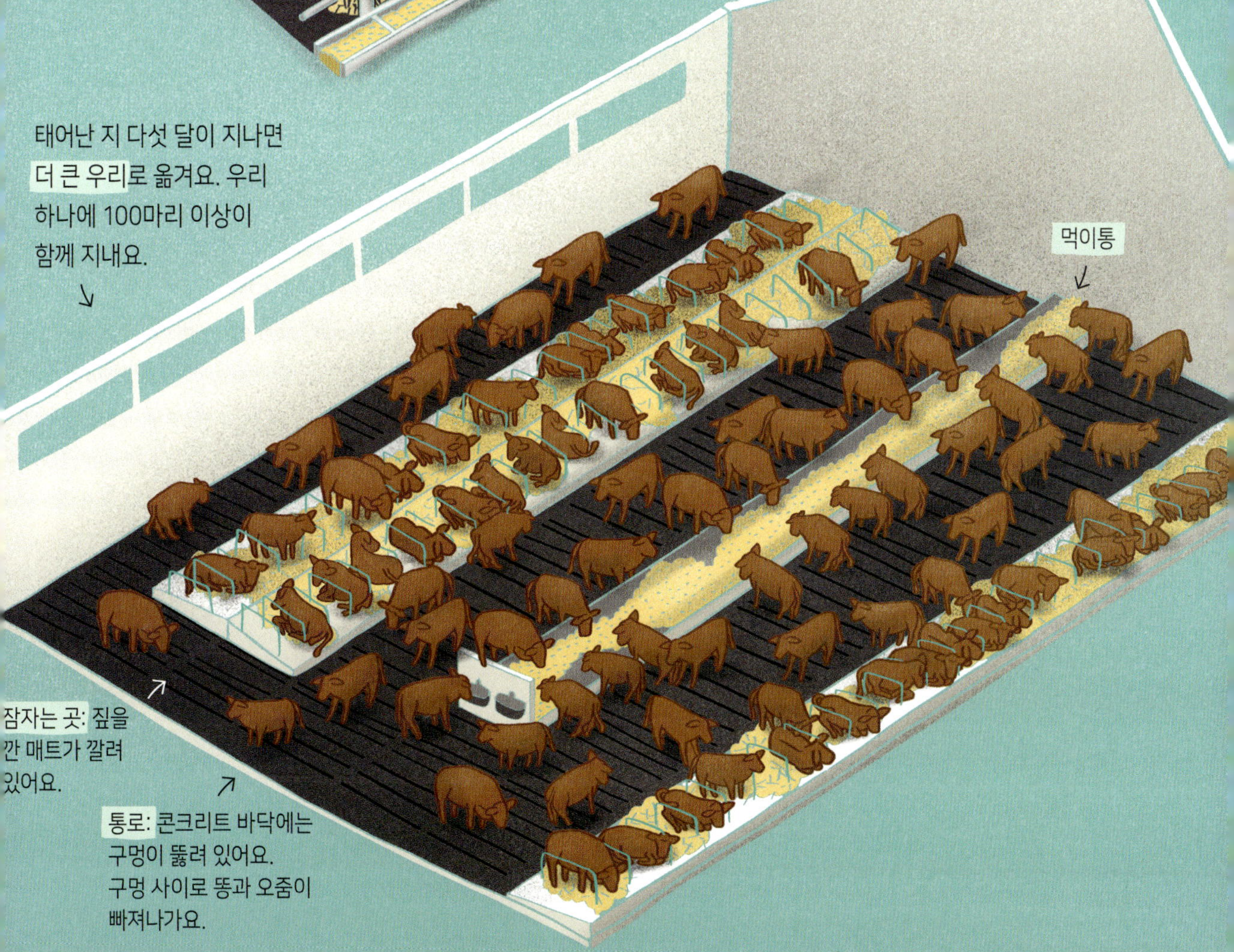

먹이통

잠자는 곳: 짚을 깐 매트가 깔려 있어요.

통로: 콘크리트 바닥에는 구멍이 뚫려 있어요. 구멍 사이로 똥과 오줌이 빠져나가요.

**돼지: 사람들이 좋아하는 돼지고기는 태어난 지 몇 달밖에 안 된 어린 돼지를 도축한 거예요.**

돼지는 똑똑하고 예민한 동물이에요. 냄새를 잘 맡고, 먹을거리를 찾기 위해 땅 파는 걸 좋아해요. 옛날에는 돼지를 풀밭에 놓아길렀지만, 요즘 돼지들은 대부분 우리에서 평생을 보내요.

우리 바닥에는 짚조차 깔려 있지 않아요. 배설물이 흘러가는 홈만 파여 있지요. 보기에는 깨끗하지만 돼지들이 편안하게 지낼 환경은 아니에요.

또한 돼지는 호기심이 많고 사회적이에요. 다른 돼지들과 노는 걸 좋아하지요. 돼지는 생활이 너무 단조로우면 공격적으로 변해 다른 돼지의 꼬리를 물기도 해요. 그래서 농장에서는 돼지가 아직 어릴 때 꼬리를 잘라요.

꼬리를 자르는 것 말고 다른 방법은 없을까요? 돼지끼리 꼬리를 물지 않게 하려면 돼지를 활발히 움직이게 해 주면 돼요.

하지만 돼지우리는 너무 좁아서, 돼지가 마음껏 뛰놀 수 있는 공간이 없어요. 돼지 한 마리가 차지할 수 있는 공간은 1제곱미터도 안 돼요. 이런 환경에서는 별다른 도리가 없는 셈이에요.

# 많이 먹어야 빨리 쪄요

사람이 먹을 만큼 충분한 고기를 생산하려면, 가축들은 식물을 많이 먹어야 해요. 고기 1킬로그램을 생산하려면 닭은 식물 1.7킬로그램을, 소는 8킬로그램을 먹어야 하지요.

독일에서 기르는 가축 전체가 한 해에 먹는 식물 양은 무려 8,300만 톤이에요. 독일 사람 전체가 1인당 1,000킬로그램씩 먹을 수 있는 양이지요.

가축들이 먹는 식물을 기르려면 사람이 먹는 과일, 채소, 곡물을 기르는 데 필요한 땅보다 더 넓은 땅이 필요해요. 그런 땅이 독일 전체 면적의 4분의 1이 넘어요. 이 가운데 절반이 풀을 기르는 목초지와 가축을 풀어 키우는 방목장이고, 나머지 절반은 곡물, 옥수수, 사료용 식물을 키우는 데 쓰여요.

그런데 요즘은 풀과 곡물만 먹여서 가축을 키우지 않아요. 짧은 기간에 빠르게 몸무게를 늘려야 해서 많은 에너지를 제공하는 사료를 먹어야 해요. 이런 사료를 '농후 사료'라고 하지요. 농후 사료에는 단백질이 많이 들어 있어요.

현재 농후 사료에 들어가는 단백질은 주로 콩에서 뽑은 거예요. 독일에서 기르는 콩만으로는 독일 가축들이 먹는 농후 사료에 필요한 양을 채울 수 없어요. 그래서 북아메리카와 남아메리카에서 콩을 수입해요.

　따라서 독일 가축들을 먹이기 위해서는 독일 땅 1,000만 헥타르(1헥타르는 10,000제곱미터)와 독일이 수입하는 콩을 기르는 외국 땅 300만 헥타르, 총 1,300만 헥타르가 필요해요.

　유럽 연합은 콩 수입량을 줄이기 위해서, 알팔파처럼 단백질이 풍부한 식물을 더 많이 기를 계획을 세우고 있어요.

　요즘 농부들은 가축 사료를 직접 만들지 않아요. 대신 사료 농장에서 미리 배합한 사료를 사서 먹여요. 이런 사료에는 중요한 영양소 외에 다른 성분도 들어 있어요. 예를 들어, 닭 사료에는 색소가 들어 있는데, 그걸 먹으면 달걀노른자가 아름다운 오렌지색을 띠게 되지요.

　유기농 가축을 사육하는 농부들은 대부분 자기 농장에서 키운 사료를 먹이로 줘요. 유기농 가축이 먹는 먹이도 유기농으로 기른 셈이죠.

# 가축우리에 떨어지는 약품 폭탄

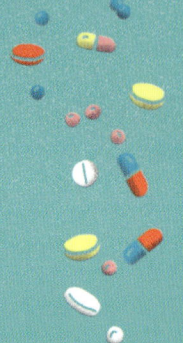

　사람이든 동물이든 아플 때는 약품의 도움을 받아요. 항생제는 박테리아가 일으키는 질병을 치료하는 약품이에요. 과거에는 많은 사람이 박테리아 감염으로 죽었지만, 오늘날에는 항생제 몇 알만 먹으면 건강을 빠르게 회복할 수 있어요.

　하지만 항생제는 꼭 필요할 때만 사용해야 해요. 항생제가 심각한 부작용을 가져올 수도 있거든요.

　박테리아는 끊임없이 변해요. 이걸 '변이'라고 하지요. 변이를 일으킨 박테리아 가운데에는 항생제를 사용해도 살아남는 개체가 있어요. 이런 박테리아를 어려운 말로 '항생제 내성균'이라고 해요.

　항생제에 내성이 생긴 박테리아에 감염되면 항생제를 써도 병이 낫지 않아요. 해마다 독일에서만 2,400여 명이 항생제 내성균 때문에 사망해요. 오스트리아와 스위스에서도 매년 300명 가까이 사망자가 나와요.

　이 문제가 고기와 관련이 있을까요? 연구에 따르면 슈퍼마켓에서 팔리는 닭고기의 3분의 2에서 항생제 내성균이 발견되었어요. 항생제 내성균은 고기나 부산물을 통해 옮겨 가요. 그러니까 우리가 항생제 내성균이 들어간 닭고기를 먹으면, 우리 몸에도 항생제 내성균이 옮겨 오는 셈이죠.

채식주의자들도 항생제 내성균으로부터 안전하지 않아요. 가축의 배설물로 만든 비료로 키운 채소에서 항생제 내성균이 발견되었거든요.

몇 년 전까지만 해도 가축 농장에서 항생제가 마구 쓰였어요. 농장 주인들은 건강한 가축들한테도 항생제를 마구 먹였어요. 그러면 가축 몸무게가 빨리 늘었기 때문이에요.

유럽 연합에서는 2006년부터 살을 찌우려고 항생제를 사용하는 일은 금지했어요. 그런데도 한 우리에 사는 모든 가축한테 항생제를 쓰기도 해요. 왜 그럴까요?

이유는 아주 단순해요. 한 우리에서 지내는 고기닭은 몇 만 마리가 넘는데, 그곳에서 아픈 닭을 일일이 골라내는 일은 불가능하기 때문이에요. 그래서 아픈 닭을 골라내는 대신 우리에서 지내는 모든 닭에게 항생제를 쓰는 거예요.

가끔 우리 바깥에서 지내기도 하는 작은 농장의 가축들은 감염병에 덜 걸려요. 좁은 우리에서 많은 수가 함께 지내는 가축은 감염병에 더 잘 걸리지요. 그래서 공장식 농장에서는 여전히 항생제를 많이 써요.

다행히 항생제 사용량은 해마다 줄어들고 있어요. 독일에서는 2011년에 항생제 1,700톤이 사용되었지만, 2018년에는 사용량이 722톤으로 줄었어요.

# 유기농 농장에 사는 가축들은 더 행복하게 지낼까요?

유기농 농장에서 사는 가축은 행복할까요? 안타깝게도 공장식 농장에서 자라는 가축의 삶과 크게 다르지 않아요. 조금 더 엄격한 규정이 적용될 뿐이죠.

유기농 농장에서는 돼지 한 마리가 1.3제곱미터의 공간을 차지해요. 공장식 농장에서는 0.75제곱미터를 차지하지요. 유기농 가축은 공장식 농장 가축보다 햇빛을 조금 더 오래 쬐고, 바깥에서 조금 더 오래 생활해요. 그리고 조금 더 오래 살아요. 항생제 같은 약품도 적게 써요. 하지만 그게 다예요.

유기농 인증 마크가 알려 주는 건, 유기농 농장에서 자란 동물들이 다른 동물들보다 조금 덜 나쁜 대접을 받았다는 것뿐이에요. 사실, 유기농 농장은 환경을 보호하는 일을 가장 중요하게 생각해요. 동물복지에는 크게 신경을 쓰지 못하죠.

그런 점에서 유기농 인증을 받지 못한 농부들이 불만을 품는 것도 이해할 만해요. 그들은 자신들이 유기농 인증 규정을 잘 지키는 대형 유기농 농장보다 동물들을 더 다정하게 돌본다고 주장하는데, 그게 사실이기도 하거든요.

## 고기닭
사육 면적, 사육 기간,
야외 운동 시간의 차이

알에서 깬 병아리
몸무게: 40g

### 유기농 농장
사육 기간: 최소 3개월
도축할 때 몸무게: 1.5-2.5kg

### 공장식 농장
사육 기간: 1.5개월
도축할 때 몸무게:
1.5-2.5kg

1㎡에 10마리

1㎡에 25마리

야외 운동 시간:
평생의 3분의 1

닭은 원래 10년쯤
살아요.

독일 농부들은 '노이란트협회'로부터 인증 마크를 받을 수 있어요. 노이란트협회는 독일 농업식품청으로부터 "동물 본성에 적합하다."라는 판정을 받은 유일한 단체예요.

이 인증 마크를 받기 위해서 반드시 유기농 방식으로 가축을 길러야 하는 건 아니에요. 하지만 유기농 농장보다 더 엄격한 규정을 지키면서 가축을 길러야 해요.

가축우리에는 짚을 깔아야 하고, 가축들에게 야외에서 활동할 시간을 주어야 해요. 또 햇빛도 들어야 하지요. 유기농 인증 마크를 달았다고 해서, 동물들이 실제로 잘 지낸다고 말할 수는 없어요.

2019년에 발표된 연구 결과를 살펴볼까요? 이 연구에서 연구자들은 유기농 농장의 가축과 공장식 농장의 가축을 비교했어요. 그 결과 유기농 가축의 3분의 1만이 공장식 가축보다 더 건강하다는 사실만

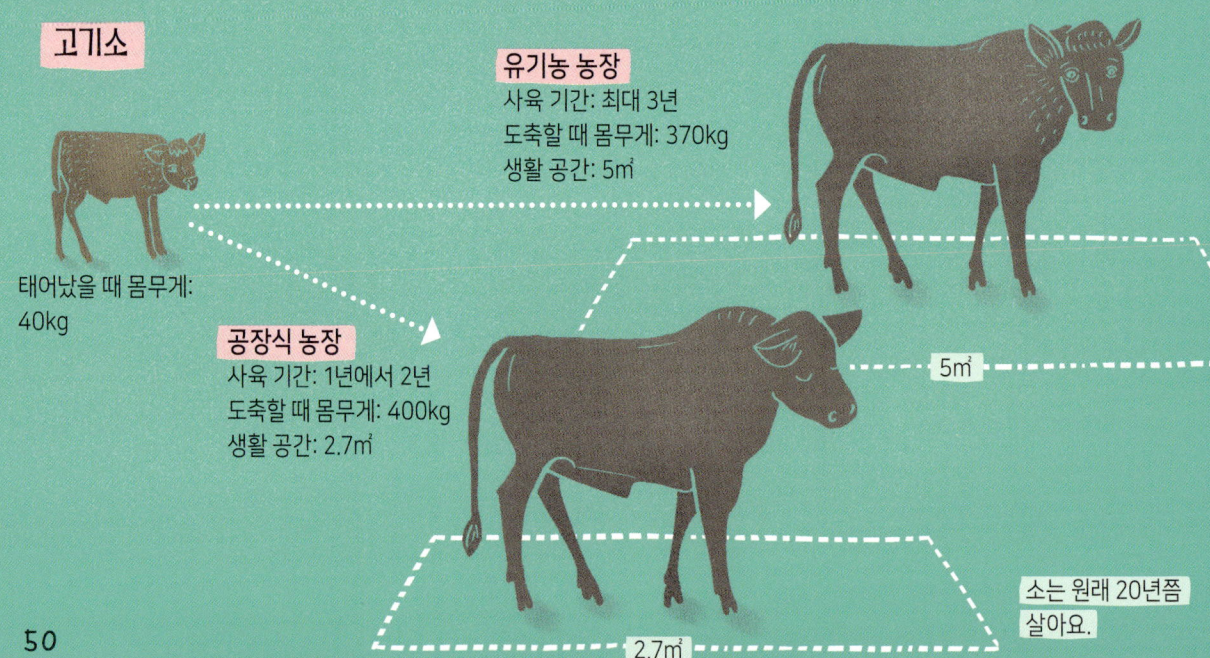

고기소

태어났을 때 몸무게: 40kg

유기농 농장
사육 기간: 최대 3년
도축할 때 몸무게: 370kg
생활 공간: 5㎡

공장식 농장
사육 기간: 1년에서 2년
도축할 때 몸무게: 400kg
생활 공간: 2.7㎡

5㎡

2.7㎡

소는 원래 20년쯤 살아요.

확인했지요. 연구자들은 유기농 농장인지 공장식 농장인지는 중요하지 않고, 농장주가 가축을 돌보는 방식이 가장 중요하다고 결론 내렸어요.

연구자들이 확인한 것은 가축의 신체 건강뿐이었어요. 가축들이 실제로 어떻게 느끼는지 알아보는 연구는 아직 이루어지지 않았어요.

농장에서는 가축들이 어릴 때 최대한 많이 먹여요. 짧은 시간에 몸무게를 많이 늘려 도축하려는 거지요. 가축들은 주어진 수명을 다 누리지 못해요. 나이 든 동물의 고기는 어린 동물의 고기보다 맛이 좋지 않아요. 이 때문에 고기소와 고기닭은 젖소와 알을 낳는 닭보다 일찍 도축돼요.

유기농 가축들은 도축되기 전까지 조금 더 오래 살아요. 그렇다고 이 동물들이 더 행복하게 살았다고 말할 수는 없어요. 오래 사는 게 곧 행복하게 사는 건 아니니까요.

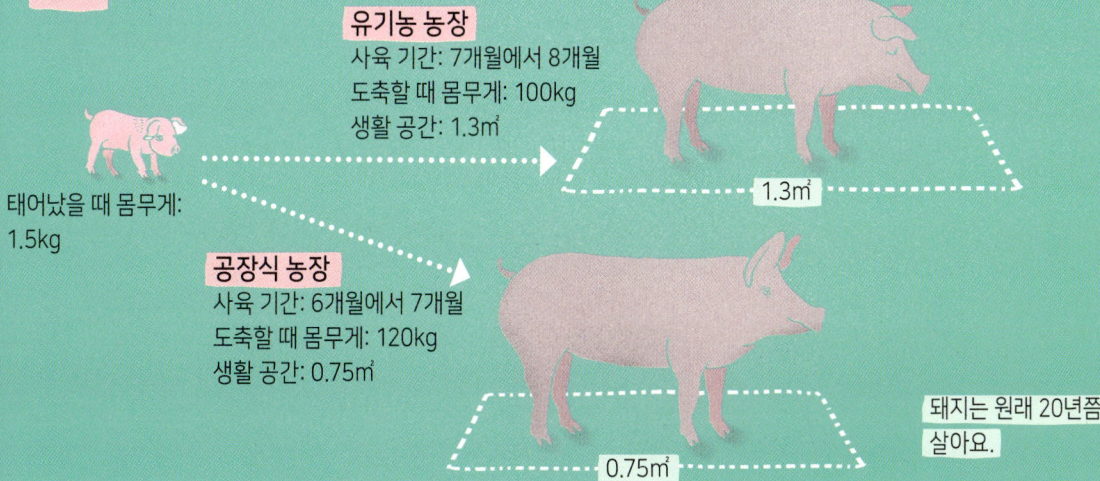

**돼지**

태어났을 때 몸무게: 1.5kg

**유기농 농장**
사육 기간: 7개월에서 8개월
도축할 때 몸무게: 100kg
생활 공간: 1.3㎡

1.3㎡

**공장식 농장**
사육 기간: 6개월에서 7개월
도축할 때 몸무게: 120kg
생활 공간: 0.75㎡

0.75㎡

돼지는 원래 20년쯤 살아요.

# 길 위의 가축들

가축들은 평생 비좁은 가축우리에서 지내요. 트럭에 실려 이동할 때는 환경이 더 나쁘죠. 가축들은 서로 바싹 붙어 서서 자신들에게 무슨 일이 일어날지도 모른 채, 먹지도 마시지도 못하며 몇 시간을 보내요. 특히 운반 칸이 2층이나 3층인 수송 트럭은 소에게 큰 고통을 줘요. 소가 제대로 서지도 못할 만큼 운반 칸이 낮거든요.

독일에서는 동물을 이동시킬 때 여덟 시간을 넘기지 않도록 관리해요. 하지만 훨씬 더 긴 시간 동안 동물을 수송하기도 해요. 독일에서

돼지들은 도축되기 전까지 보통 세 종류의 농장을 거쳐요.

번식 농장: 새끼 돼지가 태어나 어미 젖을 먹고 자라요.

새끼 사육 농장: 새끼 돼지가 이유식을 먹으며 자라요.

아시아와 아프리카로 수출되는 가축은 산 채로 며칠씩 옮겨 다녀요. 자신들 문화에 따라 특별한 방법으로 도축하는 사람들은 살아 있는 가축을 사기 때문이에요.

유럽에는 동물 수송 조건을 규정한 법률이 있어요. 하지만 동물 복지 활동가들은 이 법률이 충분하지 않다고 생각해요. 법률이 지켜지지 않을 때가 많고, 그 때문에 동물이 수송 중에 다치거나 죽기 때문이죠.

모든 가축은 평생 최소 한 번은 이동해요. 누구든 마지막에는 도축장에 가야 하니까요. 독일에서는 해마다 7억 마리가 넘는 가축이 도축장으로 마지막 여행을 떠나요. 우리나라에서도 해마다 약 12억 마리가 도축장으로 가지요.*

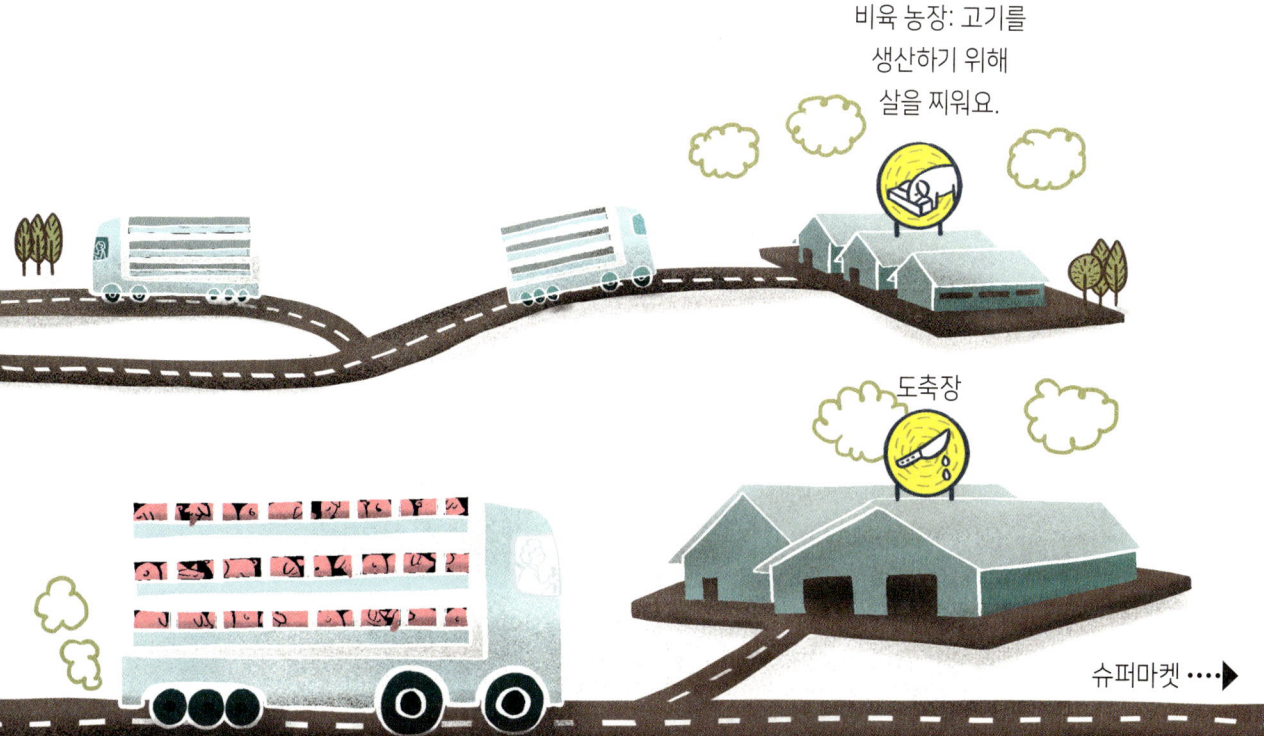

비육 농장: 고기를 생산하기 위해 살을 찌워요.

도축장

슈퍼마켓 ····▶

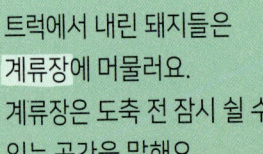

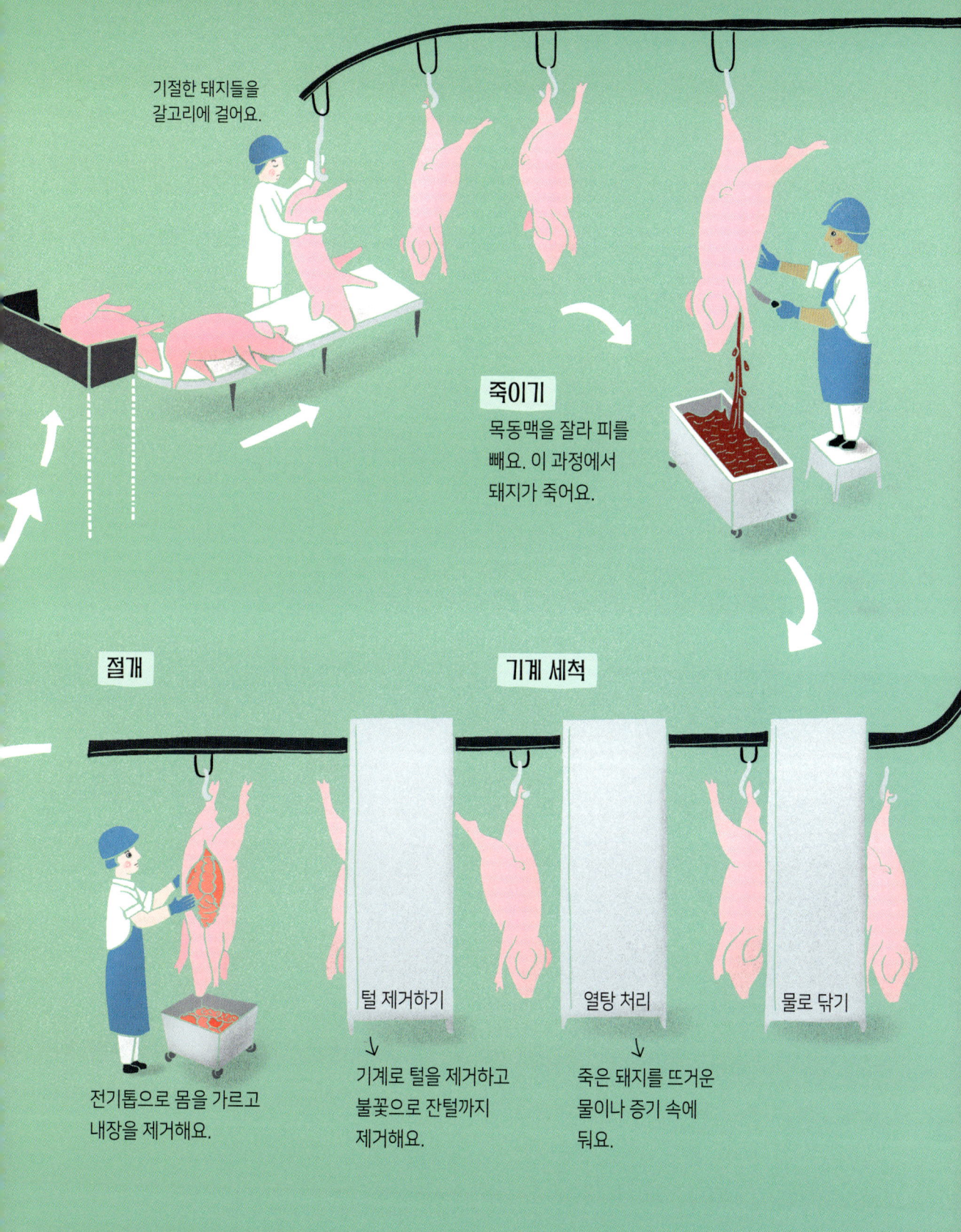

# 고통 없는 죽음

　독일 도축장에서는 동물 2만여 마리가 날마다 죽임을 당해요. 동물들은 짐짝처럼 트럭에 실려 도축장으로 운반돼요. 그런 다음 낯선 동물들과 뒤섞인 채 차례를 기다리지요. 익숙한 환경에서 떨어진 동물들은 스트레스를 받고 겁에 질려요.

　정성껏 돌본 가축들이 고통 없이 죽기를 바라는 농부들이 점점 늘어나고 있어요. 고통을 줄이는 방법 중 하나는, 가축을 익숙한 환경에서 죽이는 거예요.

　독일에서는 목장 근처에서 총을 쏘아 소를 죽이기도 해요. 총소리는 무척 잔인하지만, 총을 쏘는 순간 소는 정신을 잃어요. 그러면 농부나 사냥꾼이 칼로 소의 목숨을 끊고, 근처 도축장으로 운반해요.

　농장들을 찾아다니며 그 자리에서 바로 동물을 도축하는 '이동식 도축장'도 있어요. 이런 도축 방법을 이용하면 동물의 고통을 조금이나마 줄일 수 있지요.

　도축장에서도 도축 시작 전 몇 분 동안 동물이 겪는 고통을 줄일 수 있어요. 동물들이 조용한 방에서 흥분을 가라앉히고 마지막 시간을 스트레스 없이 지내도록 하는 거죠.

독일에는 동물의 고통을 줄이기 위한 법률도 있어요. 칼로 목동맥을 잘라 피를 빼기 전에 반드시 동물을 기절시켜야 한다는 법이에요. 머리에 총 쏘기, 전기 충격, 가스 사용, 이렇게 세 가지 방법으로 동물을 기절시켜요. 방법마다 장점과 단점이 있지요.

대규모 도축장에서는 돼지를 기절시킬 때 이산화 탄소를 써요. 돼지는 기절한 다음에는 아무것도 느끼지 못하지만, 기절하기 바로 직전에는 잠깐 숨이 막히는 걸 느껴요. 이런 이유로 동물이 그 즉시 정신을 잃도록 하는 방법을 연구하고 있어요.

우리나라에서도 동물의 고통을 줄이기 위한 법을 만들었어요. 동물보호법 제10조는 동물을 죽이는 경우, 가스나 전기를 사용해 동물의 고통을 줄여야 한다고 규정해요. 또한 반드시 의식이 없는 상태에서 도축해야 한다고 정해 두었어요.*

소가 이동식 도축장으로 들어가요.

# 소가 멸종 위기라고요?

우리가 먹는 가축과 선사 시대에 살았던 가축은 서로 매우 달라요. 농사가 시작되면서 가축도 특정한 품종만 기르기 시작했거든요. 예를 들어, 우유가 가장 많이 나오는 암소와 알을 가장 많이 낳는 암탉을 골라 새끼를 낳게 했죠.

현재 전 세계 가축 품종은 대략 8,000종류쯤 돼요. 이 가운데 많은 품종이 곧 사라질 거예요. 대량으로 사육하는 소, 돼지, 닭 품종은 몇 가지 안 되기 때문이에요.

공장식 농장에서는 고기나 우유, 달걀 생산에 가장 적합한 품종만 키워요. 이런 품종은 농후 사료를 먹이죠. 그런데 전통 품종은 두세 가지 목적으로 길러요. 굳이 농후 사료를 먹일 필요가 없지요. 이런 이유로 공장식으로 사육하는 품종들과 달리 병에 잘 걸리지 않아요.

몇 년 전부터 작은 농장을 운영하는 많은 농부가 전통 품종을 다시 키우기 시작했어요. 그들은 이렇게 주장해요. "먹어서 보존하자!" 많은 사람이 전통 품종 가축의 고기를 먹으면, 전통 품종 가축을 더 많이 키우게 되고, 그러면 전통 품종을 멸종으로부터 보호할 수 있다는 거죠.

# 수컷을 구하자

현대 농장에서는 성과를 가장 중요하게 여겨요. 고기를 생산하려고 기르는 가축은 최대한 빨리 살을 찌워서, 최대한 빨리 도축해요. 요즘은 한 해에 젖소 한 마리에서 우유를 8,500리터나 짤 수 있어요. 놀랍죠? 암탉은 한 해에 달걀을 300개나 낳아요.

농장은 성과를 내려고, 특별한 가축들만 골라서 교배해 왔어요. 독일에서 기르는 소 가운데 절반은 젖소예요. 젖소는 우유를 많이 생산하지만, 고기는 인기가 없어요. 알을 낳은 암탉 고기도 인기가 없기는 마찬가지예요.

우유는 암소한테서만 짤 수 있고, 알은 암탉만 낳을 수 있어요. 그럼, 암컷만큼 태어나는 수컷은 어떻게 될까요?

농부는 병아리가 알에서 깨어나자마자 수평아리만 골라 죽여요. 독일에서는 해마다 수평아리 5,000만 마리가 알에서 깬 첫날에 목숨을 잃어요. 동물보호운동 활동가들은 수평아리만 골라서 죽이는 일에 크게 분노해요.

2022년부터 독일에서는 병아리를 죽이는 '분쇄기'를 사용할 수 없어요. 병아리 분쇄기를 쓰는 대신 병아리가 알에서 깨기 전에 암수를 구분할 수 있어요. 이런 방법을 쓰면 수컷 알을 골라낼 수 있으니까 병아리를 죽일 필요가 없죠.

　다른 방법도 있어요. 수컷을 살려서 기른 뒤에 잡아서 먹는 거예요. 하지만 이 방법은 돈이 많이 들어요.

　수컷 젖소들은 어떻게 지낼까요? 보통 수컷 젖소는 살려 두지만, 잘 돌보지는 않아요. 젖소 고기가 싸기 때문이죠. 수컷 젖소를 기를 비용으로 고기 생산용으로 개량된 수소를 기르면 돈을 더 많이 버니까요.

　여러 목적으로 가축을 기르면 이런 문제가 생기지 않아요. 처음에는 달걀을 낳도록 키우다가 나중에는 닭을 도축하는 거죠. 소는 우유를 짜면서 기르다가 나중에는 잡아서 고기를 팔기에 적합한 품종을 키우고요.

　현재 독일에서 기르는 소 가운데 40퍼센트가 이런 품종이에요. 지난 세기에는 세 가지 목적으로 소를 기르기도 했어요. 우유, 고기, 농장에서 일하기. 소가 무슨 일을 했냐고요? 오늘날의 기계처럼, 쟁기로 밭을 갈거나 무거운 짐을 나르기도 했어요.

# 고기와 환경

고기를 먹는 일이 기후 변화에 영향을 줄까요?
강과 호수를 오염시킬까요?
환경을 지킬 수 있는 더 좋은 대안은 없을까요?
채식주의가 정말 환경에 더 좋을까요?

# 고기에 필요한 공간

우리는 단백질을 섭취하기 위해 고기를 먹어요. 고기 대신에 콩처럼 단백질이 들어 있는 식물을 먹을 수도 있지요. 어떤 음식이 환경에 더 좋을까요? 이 질문에 답하려면, 다음 질문도 생각해 보아야 해요.

식물을 기르기 위한 농토는 얼마나 필요할까요? 온실가스는 얼마나 배출할까요? 이 질문 말고도 해야 하는 질문이 또 있어요.

가축은 도축 전까지 식물을 먹고 성장해요. 가축이 숨을 쉬고, 잠을 자고, 움직이고 할 때마다 에너지가 필요한데, 결국 그 에너지도 가축이 먹은 식물 사료에서 나오는 거죠. 그러니까 가축이 먹은 식물 사료 1그램이 모두 고기 1그램으로 바뀌지는 않아요. 가축이 살아가는 데 쓰고 남은 나머지만 고기로 바뀌는 거예요.

이런 방식을 이해하고 계산해 보면, 소고기 100그램을 얻기 위해서는 식물 800그램이 필요해요. 돼지고기는 300그램, 닭고기는 200그램이 필요하지요.

가축은 야외 방목장에서 풀을 뜯어 먹거나 가축우리 안에서 식물 사료를 먹어요. 어느 경우든 식물을 키우기 위한 땅이 필요해요. 얼마나 필요한지 소를 예로 들어 살펴볼게요. 손바닥만 한 소고기 한 조각을 먹으려면 큰 거실 넓이의 땅이 있어야 해요.

사람들이 고기를 점점 더 많이 먹으려고 해서, 가축 먹이를 기르는 데 쓰이는 땅도 크게 늘고 있어요. 현재는 얼음과 물로 덮이지 않은 지구 표면의 4분의 1이 목초지예요.

지금도 어딘가에서는 사람들이 숲의 나무를 베고 있어요. 소와 양을 방목할 새 땅을 확보하려고 숲을 파괴하는 거예요.

남아메리카의 열대 우림에서도 같은 일이 벌어지고 있어요. 숲이 사라지면서 희귀 동물들이 서식지를 잃었고, 원주민들은 살던 곳을 떠나야 했어요. 이런 식으로 숲이 계속해서 파괴된다면 지구 기후에 큰 변화가 생길 거예요.

고기 생산에 필요한 땅이 점점 넓어지는 까닭이 또 있어요. 인구가 늘어나기 때문이에요. 현재 세계 인구는 약 78억 명가량인데, 2050년에는 97억 명으로 늘어날 거예요.

늘어난 인구를 모두 먹이려면, 그만큼 가축을 먹이는 데 필요한 땅을 늘려야 해요. 수확량을 늘리기 위해 화학 비료를 사용하면서요. 환경에 좋지 않은 일이에요. 지금처럼 고기를 먹는다면 2050년에는 지구가 어떤 모습일지 생각해 볼 필요가 있답니다.

# 고기가 사실은 물이라고요?

　독일 사람 한 명이 하루에 사용하는 물은 약 125리터예요. 몸을 씻고, 옷을 빨고, 조금 마시기도 하지요. 수도꼭지에서 나오는 물만 이만큼이에요. 실은 보지도 못하고, 사용하는지도 모른 채 4,000리터를 더 써요. 이런 물을 '가상수'라고 해요.

　우리가 먹는 음식과 날마다 사용하는 물건을 생산하는 데에 물이 필요해요. 고기를 예로 들어 볼까요? 가축 먹이에 들어가는 식물을 기르는 데 물이 들어가요. 가축이 마시는 물도 있지요. 또 가축우리를 청소할 때도 물을 써요.

　비가 많이 내리는 독일, 오스트리아, 스위스는 물이 풍부한 나라예요. 하지만 물이 부족한 나라들도 있어요. 독일에 딸기를 수출하는 스페인이 그런 나라예요.

　스페인이 수출하는 딸기에도 가상수가 들어 있어요. 그 양은 독일에서 딸기를 기를 때 들어가는 양과 똑같아요. 독일에서는 빗물을 이용해 딸기를 기르지만, 스페인에는 비가 많이 내리지 않아서 땅속에서 뽑아낸 지하수로 딸기를 길러요. 그 때문에 지하수 양이 점점 줄어들고 있지요. 그러니 가상수 양뿐만 아니라 종류도 따져 볼 필요가 있어요.

**녹색 물**

빗물 또는 식물이 땅에서 직접 흡수하는 물이에요. 예를 들어, 소들이 뜯어 먹는 풀에 들어 있는 물이지요. 녹색 물은 비가 자주 내리는 곳에서는 별로 걱정할 문제가 아니에요.

**청색 물**

지하수 또는 강과 호수의 물이에요. 많은 나라에서 청색 물을 사용해 식물을 길러요.

**회색 물**

우리가 쓰는 물건을 생산하는 과정에서 오염된 물이에요. 가축 배설물로 오염된 물도 회색 물이지요.

 이런 이야기를 들으니 우리가 물을 엄청나게 낭비하는 것 같죠? 다행히 독일에서 생산하는 고기의 가상수 중 80퍼센트는 녹색 물, 즉 빗물이에요. 특히 소고기 가상수는 87퍼센트가 녹색 물이에요. 일부 소들이 목초지에 나가 풀을 뜯기도 하니까요.

 그렇지만 돼지고기 가상수에는 청색 물이 조금 더 많아요. 독일에서는 돼지에게 먹이는 농후 사료를 많이 수입하는데, 농후 사료의 원료가 청색 물로 기른 식물이기 때문이에요.

고기는 식물 원료로 만든 식품보다 가상수를 더 많이 써요. 가축들이 자기 몸무게의 몇 배나 되는 식물을 먹기 때문이죠.

기르는 데 물이 많이 들어가는 식물도 있어요. 아몬드와 아보카도가 그래요. 아몬드 한 알을 생산하는 데 물 8리터가 들어가요. 게다가 아몬드는 비가 많이 내리지 않는 건조한 지역에서 주로 길러요.

### 물 소비량

소고기 100그램을 생산하는 데 809리터의 물이 필요해요. 81통쯤 되지요.

707리터(71통)는 자연에 피해를 주지 않는 녹색 물이에요.
↓

102리터(10통)은 청색 물과 회색 물인데, 이게 문제예요.

아보카도도 건조한 지역에서 기르기도 하는데, 하나를 생산하는 데 청색 물과 회색 물이 280리터가 들어가요. 샤워기를 30분 동안 틀어 놓는 양과 맞먹는 양이지요.

물건에도 가상수가 들어가요. 자동차 한 대의 가상수는 40만 리터, 컴퓨터 한 대의 가상수는 2만 리터예요.

### 청색 물과 회색 물 사용 비교

청색 물과 회색 물 102리터를 사용하면, 다른 음식물을 얼마나 생산할 수 있는지 비교해 보았어요.

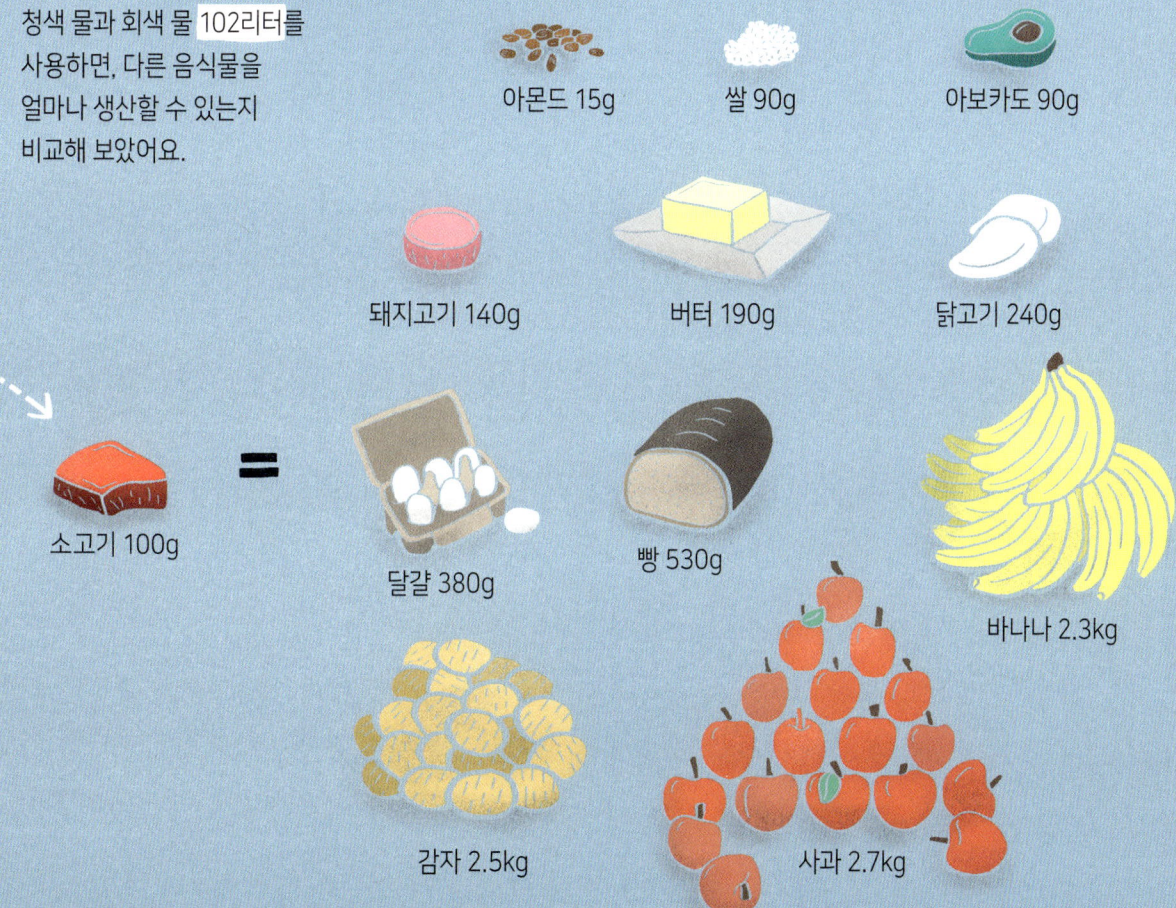

아몬드 15g · 쌀 90g · 아보카도 90g
돼지고기 140g · 버터 190g · 닭고기 240g
소고기 100g = 달걀 380g · 빵 530g · 바나나 2.3kg
감자 2.5kg · 사과 2.7kg

## 하늘까지 퍼지는 냄새

우리에게 고기를 제공하는 가축들은 똥도 누고 오줌도 눠요. 농장에서 일을 하는 사람들은 똥과 오줌을 다른 이름으로 불러요. 배설물이 액체인지 고체인지, 짚이 섞였는지 아닌지에 따라 다르지요.

액체 배설물은 물거름, 짚을 섞어서 썩힌 배설물은 두엄이라고 해요. 혹은 '자급 비료'라고 부르기도 하죠. 자급 비료는 농장에서 직접 만들어 쓰는 거름을 말해요.

농장에서는 농부가 배설물을 모아요. 가축들이 직접 화장실로 찾아가 똥과 오줌을 누지는 않으니까요. 농부가 왜 가축 배설물을 모으냐고요? 배설물이 소중한 자원이기 때문이에요.

배설물에 있는 인산염이나 질소 같은 물질이 식물을 잘 자라게 도와줘요. 그래서 가축을 키우는 농장에서는 가축 배설물을 모아 농장에서 키우는 채소나 곡물에 뿌려요. '자급 비료'라는 말에 딱 맞게 배설물을 이용하는 거예요.

그렇다고 배설물을 식물에 너무 많이 뿌리면 안 돼요. 식물이 흡수하고 남은 비료 성분은 토양으로 스며들어 지하수와 섞이는데, 그 지하수를 우리가 마실 수도 있거든요. 비료 성분이 섞인 지하수는 우리 몸에 좋지 않아요. 그래서 식물이 자라지 않는 겨울에는 밭에 배설물을 뿌리는 일을 삼가야 해요.

　독일에서는 계절마다 밭에 뿌릴 수 있는 비료 양을 법으로 제한해요. 식물이 비료에서 나오는 질소를 흡수하지 못하면, 질소가 지하수에 스며들 수도 있거든요.
　독일 정부에서 지하수에 질소가 얼마나 들어 있는지 조사했더니, 조사한 곳 가운데 5분의 1이 허용된 한계를 넘었어요.
　유기농 농장의 배설물은 공장식 농장과 비교해 문제를 덜 일으켜요. 유기농 농장에서 가축을 키우려면 반드시 농작물을 함께 길러야 하는데, 밭의 넓이는 가축 수에 따라서 정해져요. 가축 배설물은 자기 밭에 뿌리면 되니까 농장 바깥으로 보내야 할 배설물이 그만큼 줄어드는 거지요.

# 고기가 기후 변화를 일으켜요

'기후 변화'라는 말, 들어 봤죠? 기후 변화의 주범은 온실가스예요. 우리는 살아가면서 온실가스를 아주 많이 내뿜어요. 온실가스의 대부분은 이산화 탄소인데, 화학식으로 $CO_2$라고 써요.

이산화 탄소는 석탄, 가스, 석유 들을 태울 때 나와요. 공기 중 이산화 탄소 양은 아주 적지만, 온실 효과를 일으키는 데 충분해요.

이산화 탄소는 지구에서 우주로 빠져나가는 열을 가둬, 지구를 점점 뜨겁게 만들죠.

농업도 온실가스를 배출해요. 독일 연방 정부는 농업이 전체 온실가스의 8퍼센트를 배출한다고 하는데, 그보다 훨씬 높다는 계산 결과도 있어요.

원래 식물은 공기에서 이산화 탄소를 흡수하고, 동물은 이산화 탄소를 공기로 내뿜어요. 다시 말해 가축이 온실가스인 이산화 탄소를 배출한다는 뜻인데, 이게 다가 아니에요.

가축 사료와 밭에 뿌리는 인공 비료를 생산하는 과정에서 이산화 탄소가 훨씬 많이 배출돼요. 게다가 가축우리를 따뜻하게 하고 가축과 사료를 운반할 때마다 또 이산화 탄소가 배출되지요. 75쪽을 보면, 여러 음식을 만드는 과정에서 나오는 이산화 탄소 양을 알 수 있어요.

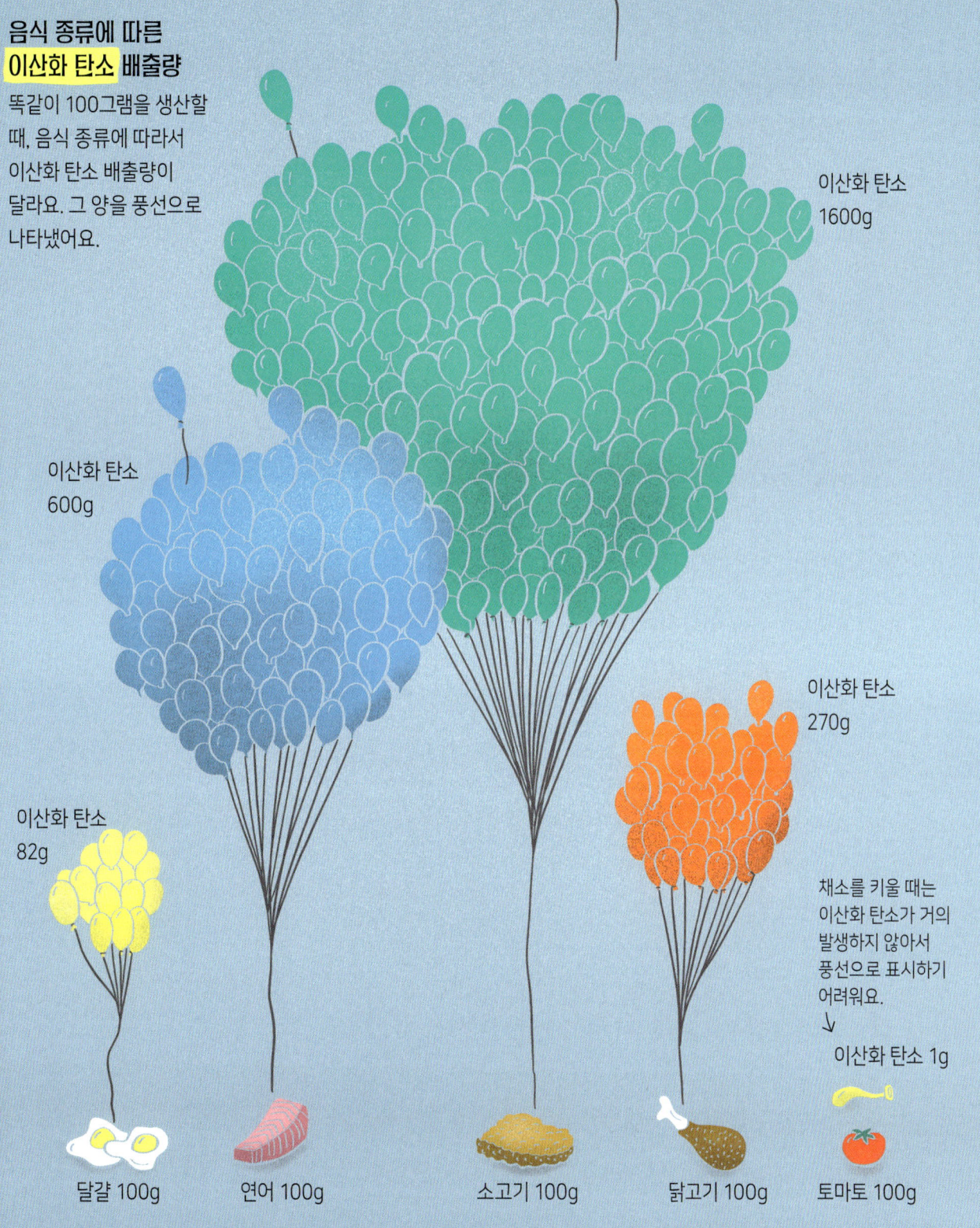

　소고기에 대해서는 살펴볼 게 하나 더 있어요. 소는 다른 가축보다 트림을 자주 하고 방귀도 자주 뀌어요. 이때 소가 내보내는 가스가 메테인이에요.

　메테인은 이산화 탄소보다 25배나 센 온실가스예요. 소가 트림과 방귀로 배출하는 메테인이 많지는 않아도, 이것이 지구 기후에 미치는 영향은 무시할 수 없어요.

　하지만 계산이 그렇게 간단하지는 않아요. 소를 어떻게 기르느냐에 따라서 계산이 달라지거든요. 소를 평생 가축우리에 가두고 콩으로 만든 사료를 먹여서 키우면, 그 과정에서 메테인이 많이 배출되어 지구 기후에 악영향을 미쳐요.

　소를 방목장에서 키우면, 몸무게가 천천히 늘어서 도축할 때까지

소가 더 오래 살아요. 그러니까 그만큼 트림과 방귀로 메테인을 더 많이 배출하고요. 하지만 소가 방목장에 눈 똥이 땅을 기름지게 만들어 기름진 땅인 부엽토가 만들어져요. 그러면 풀이 더 잘 자라서 전체적으로 땅이 더 많은 이산화 탄소를 붙들어 두게 되지요. 식물이 이산화 탄소를 흡수하니까요. 그래서 어떤 과학자들은 소를 방목장에서 기르는 게 기후에 좋은 영향을 미친다고 말하기도 해요.

　가축을 적게 기르면 농업이 기후 변화에 미치는 악영향을 줄일 수 있어요. 가축을 기르는 방법도 큰 영향을 미쳐요. 소를 방목장에서 키우는 것처럼, 가축들을 본성에 따라서 사육하면 지구 기후에 더 좋아요.

# 채식주의가 만능 해결책은 아니에요

채식주의자를 위한 고기 대용 식품은 꽤 다양해요. 콩고기 미트볼, 채식 소시지, 콩고기 버거 들이 있죠. 고기로 만든 식품보다 이런 식품들이 환경에 미치는 악영향이 더 적어요.

그럼, '채식주의용'이라는 딱지가 붙은 식품을 만들 때는 동물이 희생되지 않을까요? 그렇지 않아요. 가축에서 나오는 달걀과 유제품이 들어간 채식주의 식품도 많아요.

독일의 한 잡지 기자 두 명이 일반 소시지와 채식 소시지를 비교 계산하여 공개했어요. 비교에 사용한 채식 소시지는 성분의 70퍼센트가 달걀흰자였어요. 계산 결과를 들여다볼까요? 평균 크기의 돼지 한 마리로 일반 소시지 103킬로그램을 만들 수 있어요. 채식 소시지를 이만큼 만들려면, 달걀흰자 72킬로그램이 필요해요. 달걀 2,174개를 깨뜨려야 나오는 엄청난 양이에요!

독일 농장에서 자라는 암탉 한 마리는 평생 375개의 달걀을 낳아요. 돼지 한 마리에서 나오는 소시지만큼 채식 소시지를 만들려면, 암탉 여섯 마리의 목숨이 필요해요.

그런데 정말 암탉 여섯 마리만 필요할까요? 잘 생각해 봐요. 수평아리도 암평아리 수만큼 태어나요. 하지만 모두 죽임을 당하죠.

그러니까 암탉 한 마리가 죽는다는 건 수평아리 한 마리도 죽는다는 뜻이고, 결국 채식 소시지를 위해 닭 열두 마리가 죽는 셈이에요.

이 계산 결과가 보여 주는 것은 명백해요. 가축 사육은 고기뿐만 아니라 채식주의 식품도 환경에 나쁜 영향을 미친다는 거예요. 채식주의 식품에 달걀과 우유가 들어가기도 하니까요.

그렇다고 동물 성분을 전혀 포함하지 않은 비건 식품이 반드시 환경에 좋은 것도 아니에요. 71쪽에서 보았던 아몬드와 아보카도를 떠올려 보세요.

모든 고기 대용 식품은 복잡한 과정을 거쳐서 만들어요. 첨가물도 여러 가지 들어가죠. 채식주의 식품에 들어간 첨가물 가운데에는 석유로 만든 것도 있었어요!

그런 첨가물이 들어간 음식이 먹기 싫다면, 식품 포장지에 인쇄된 영양 정보와 원재료명을 꼼꼼하게 살펴보는 수밖에 없어요. 너무 길어서 읽기도 힘든 성분이 많이 보인다고요? 그렇다면 조심하세요. 석유에서 뽑은 성분일 가능성이 높으니까요.

# 더 잘 먹는
# 방법이 있어요

우리가 고기를 너무 많이 먹는 걸까요?
유기농 고기가 더 좋을까요?
실험실에서 만든 새로운 고기는 어떨까요?
사람들이 점점 더 고기를 많이 먹으려고 하는데
그들이 먹을 고기를 다 공급할 수 있을까요?

# 혼란스러운 인증 마크

부모님이 고기를 사 왔어요. 그 고기를 남기고 죽은 가축은 행복하게 살았을까요? 혹시 그 고기를 생산하는 과정에서 환경이 망가지지는 않았을까요?

정육점이나 슈퍼마켓에 가면, 갖가지 인증 마크가 보여요. 그 가운데 일부는 법으로 정한 규정을 지켜야만 붙일 수 있는 '공식' 인증 마크예요. 나머지는 소매 업체에서 이름만 그럴싸하게 만들어 붙인 거고요.

그렇다면 환경도 보호하고 싶고, 가축들이 행복하게 지내기를 바라는 사람들은 어떤 고기를 사야 할까요?

이제부터 우리나라에 있는 다양한 인증 마크를 소개할게요. 여러 인증 마크가 있지만 동물복지에 가까운 인증 마크는 '동물복지축산농장 인증'과 '유기축산물 인증'뿐이에요.

 우선 동물복지축산농장 인증부터 살펴볼까요? 동물복지축산농장 인증은 스트레스를 최소화하면서 동물을 키운 농장에 주는 인증이에요. 동물복지축산농장 인증을 받고 싶은 농장주는 농림축산검역본부에 신청하면 인증을 받을 수 있어요.

동물복지축산농장에서 동물들은 어떻게 지낼까요? 농장주는 닭을 풀어놓고 길러요. 닭이 사는 사육장 넓이도 일반 농가와 비교했을 때 훨씬 크고 넓어요. 사육장 안에는 닭이 마음껏 앉아서 쉴 수 있는 홰도 마련돼 있어요. 깔짚이나 산란 상자 등 닭에게 맞는 시설도 갖추고 있지요.

이뿐만이 아니에요. 동물복지축산농장에서는 닭 부리를 자르는 일을 엄격하게 금지해요. 강제 환우도 할 수 없지요. 강제 환우는 깃갈이 중인 닭에게 일부러 스트레스를 주어 깃갈이가 짧은 시간 안에 끝나도록 하는 행위를 말해요. 닭은 깃갈이 시기가 되면 산란율이 떨어지거든요. 많은 달걀을 얻으려고 닭에게 고통을 주는 거죠.

다른 동물들은 어떻게 살까요? 일반 농가에서 돼지는 좁은 틀에 갇혀 살지만, 동물복지축산농장에서 사는 돼지들은 무리 지어 살아요. 틀 사용은 임신한 돼지한테만 제한적으로 사용하지요.

돼지가 자는 축사에는 흙 대신 깔짚이 놓여 있어요. 돼지 한 마리당 차지하는 생활 공간도 일반 농가에 비해 넓어요. 당연한 이야기겠지만, 돼지에게 고통을 주는 꼬리 자르기는 원칙적으로 금지해요. 송곳니 뽑기도 마찬가지지요. 농장주들은 송곳니를 뽑아야 아기 돼지가 어미젖을 빨 때 상처가 생기지 않는다며 돼지가 태어나면 송곳니를 뽑아요.

 다음으로 유기축산물 인증을 살펴볼까요? 유기축산물 인증은 농장에서 생활하는 동물에게 항균제 등 화학 물질은 전혀 사용하지 않고, 유기 사료를 먹이는 농장에 줘요. 유기 사료는 가축 상태와 토양 조건 등을 생각하여 건강하게 재배된 사료를 말해요.

유기축산물 농장에서는 기를 수 있는 가축의 수가 정해져 있어요. 유기 사료를 얼마나 확보할 수 있는지, 가축이 지낼 만한 충분한 공간이 있는지를 생각해 농장마다 사육 가능한 가축 수를 정해요.

또한 유기축산물 농장에서 사는 초식 가축들은 목초지에서 풀을 뜯을 수 있어야 해요. 유기축산물 농장의 크기는 일반 농장에 비해 4배 정도 커요.*

또 어떤 인증 마크가 있을까요? 다음은 우리 주변에서 쉽게 찾아볼 수 있는 인증 마크들이에요. 이 인증 마크들은 동물복지와 크게 관련은 없지만, 알아 두면 좋을 거예요.

 **무항생제 축산물 인증**: 무항생제 축산물 인증을 받은 농장에서는 동물에게 성장촉진제 및 호르몬제를 사용하지 않아요. 항생제와 같은 동물의약품도 쓰지 않아요. 하지만 동물을 치료할 목적으로 항생제를 쓰는 건 가능해요. 무항생제 축산물 인증 농장에 산다고 해서 동물들이 행복하게 지내는 건 아니에요. 무항생제 농장에서는 일반 농가와 똑같이 사육장을 관리하거든요. 돼지가 좁은 우리에 갇혀 살아도 무항생제 축산물 인증을 받을 수 있어요.

**유기농산물 인증**: 3년 이상 합성 농약과 화학 비료를 전혀 사용하지 않고 재배한 농산물에 부여하는 인증이에요.

 **무농약 인증**: 1년 이상 합성 농약은 사용하지 않고, 화학 비료는 권장하는 양의 3분의 1만 사용하여 재배한 농산물에 부여해요.

 **유기가공식품 인증**: 합성 농약과 화학 비료를 사용하지 않고 재배한 유기 원료를 가공한 식품에 주는 인증이에요.

 **HACCP(식품안전관리)**: 소비자가 안전한 식품을 선택할 수 있도록 식품을 만드는 전 단계를 평가하여 인증 마크를 부여해요. HACCP(식품안전관리) 인증은 축산업뿐 아니라 수산업, 냉동 식품업 등 다양한 업종에서 사용해요.

 **GAP(농산물우수관리)**: 농산물의 생산부터 공급까지 생길 수 있는 위험을 관리하여, 농산물의 품질과 안전을 보장하기 위해 만들어졌어요.

 **저탄소 농축산물 인증**: 농축산물을 생산할 때 '저탄소 농업 기술'을 적용해야 받을 수 있어요. 저탄소 농업 기술은 비료, 농약, 살충제를 정해진 양만 사용하고, 땅을 갈아엎지 않는 등 환경을 생각하는 생산 방식을 말해요. 저탄소 농업 기술을 쓰면 온실가스 배출량을 줄일 수 있어요.

모든 인증 마크가 가축들의 편안한 생활을 확인해 주는 건 아니에요. 그래서 고기를 사기 전에 인증 마크를 꼼꼼히 따져 보아야 해요. 슈퍼마켓에서 동물복지축산농장이나 유기축산물 인증 마크가 붙은 고기를 보았다면 안심하세요. 그 고기를 우리에게 준 가축은 일반 농장의 가축보다 조금 더 나은 환경에서 지냈다는 뜻이니까요.＊

# 쓰레기통으로 들어가는 고기

　이제 우리는 고기를 생산하는 과정이 얼마나 복잡한지, 동물들이 얼마나 큰 고통을 겪는지, 고기가 환경에 어떤 피해를 주는지 알게 되었어요. 또 하나 알려 줄게요. 낭비되는 고기가 너무 많아요. 그럴 필요가 없는데도 말이에요.

　낭비가 가장 심하게 일어나는 곳은 농장이에요. 많은 가축이 도축되기 전에 농장에서 죽어요. 가장 많이 죽는 가축은 돼지예요. 일곱 마리당 한 마리가 아직 새끼일 때 죽고, 전체로는 20퍼센트가 도축장에 가기 전에 목숨을 잃어요. 고기닭은 4퍼센트가 이런 일을 당하지요.

　사람은 도축한 가축의 일부만 먹어요. 무게를 기준으로 하면, 약 40퍼센트가 가축 부산물로 처리돼요. 돼지털이나 내장 같은 것들이죠. 아무도 사지 않는 고기도 가축 부산물에 포함돼요. 일부는 개나 고양이 사료를 만드는 데 쓰여요. 고기의 지방에서 연료를 뽑아내기도 해요. 그래도 낭비가 심해요.

　사람들이 샀다가 먹지 않고 버리는 고기도 꽤 많아요. 그 비율이 버려지는 채소 비율보다 낮긴 하지요. 독일 사람 한 명이 해마다 버리는 고기가 4킬로그램이 넘어요. 독일 전체로는 닭 4,500만 마리, 돼지 400만 마리, 소 23만 마리를 도축만 하고 먹지 않는 셈이에요.

고기는 다른 음식만큼 오래 보관할 수 없어요. 독일에서는 고기 포장지에 소비 기한을 찍어 팔아요. 그 날짜가 지난 고기는 해로울 수도 있어서 팔아서도 안 되고, 먹지도 말아야 해요. 이런 고기는 어쩔 수 없이 버려야 해요.

고기는 얼리면 더 오래 보관할 수 있어요. 먹을 만큼만 요리하는 것도 고기 쓰레기를 줄이는 방법이에요. 아무리 맛있어 보여도 접시에 너무 많이 담지 마세요!

# 고기가 아닌 고기

　고기를 대신할 식품은 오래전부터 개발되었어요. 예를 들어, 다진 고기 대신에 콩과 채소로 만든 패티를 햄버거에 넣어 먹었지요. 고기를 절대로 먹지 않겠다는 채식주의자들이 주로 이런 식품을 샀어요.
　몇 년 전부터는 고기를 좋아하는 사람들에게 고기 대용 식품을 팔겠다는 회사들이 나타났어요. 특히 미국에 이런 회사들이 많은데, 그렇게 하려면 진짜 고기와 맛이 똑같거나 더 좋게 만들어야 해요. 제품 이름에 '고기'라는 말을 집어넣은 고기 대용 식품도 있어요. 미국 패스트푸드 체인점에서 그런 햄버거를 팔아요. 독일 슈퍼마켓에도 그런 제품이 진열되어 있지요.

　고기 대용 식품을 옹호하는 쪽에서는 이런 식품이 기후와 환경을 보호한다고 주장해요. 식물로 만드니까 공기와 물을 덜 오염시킨다는 거죠. 햄버거를 먹겠다고 가축을 죽일 필요도 없고요.
　하지만 이런 식품들이 특별히 자연적인 건 아니에요. 고기 대용 식품은 대개 단백질로 만드는데, 진짜 고기와 비슷한 맛을 내려고 여러 종류의 첨가제를 넣어요. 한 회사는 진짜 고기의 피까지 모방하려고 시도했는데, 유전자 조작 효모로 만든 헴 단백질이라는 물질을 이용했어요. 이 정도면 정말 인공적인 식품 아닐까요!

　채식주의자뿐 아니라 고기를 먹는 사람들도 고기 대용 식품을 점점 많이 먹어요. 그래서 대형 육류 업체들도 여기에 관심을 보이기 시작했어요. 일부 회사는 이미 고기 대용 식품을 생산하고 있지요. 미래에는 고기 대용 식품 시장이 훨씬 커질 거예요.

# 실험실에서 나오는 고기

방금 살펴본 고기 대용 식품은 고기 맛이 나지만 식물로 만든 거예요. 그런데 동물을 죽이지 않고 진짜 고기를 생산하려는 시도가 있어요. 실험실에서 고기를 만드는 거예요. 혹시 '배양육'이라고 들어 봤나요?

배양육은 동물 세포를 배양하여 만든 고기를 말해요. 배양육을 생산하려면 돼지나 소에서 근육 세포를 떼어 내는데, 이 과정에서 동물들은 고통을 느끼지 않아요.

실험실에서는 동물에서 떼어 낸 근육 세포를 분열시켜 완전한 고기나 소시지 원료로 자라게 해요. 현재 배양육 기술은 꽤 발달해서 이 기술로 인공 심장 판막 같은 인공 장기를 기르려는 계획도 진행 중이에요.

그런데 배양육 기술이 해결해야 하는 큰 과제가 있어요. 진짜 고기와 배양육 고기를 구분할 수 없도록 하려면, 겉모습은 물론이고 느낌까지 똑같아야 해요.

진짜 고기에는 근육 세포만 있는 게 아니라, 지방, 신경 조직, 핏줄도 있어요. 또 근육은 동물이 움직이면서 성장해요. 실험실에서 기른 고기에는 이런 게 없어요. 그래서 진짜 고기 같은 느낌을 주려면 섬세한 기술이 필요하지요.

아직은 실험실에서 고기를 대량으로 생산할 방법이 없어요. 몇 년 전, 네덜란드 연구자가 처음으로 내놓은 '배양육 햄버거'가 큰 화제가 되었어요. 그런데 햄버거 하나에 들어간 배양육 가격이 무려 4억 원이 넘었어요. 실험실에서 고기를 기르는 데 큰돈이 들었기 때문이죠.

지금은 몇몇 회사가 이런 인공 고기를 시장에 내놓으려 하고 있어요. 하지만 앞으로도 몇 년을 더 기다려야 슈퍼마켓에서 그런 고기를 살 수 있을 거예요.

# 꿈틀거리는 고기

　풍뎅이나 귀뚜라미를 먹는 상상을 해 본 적이 있나요? 꿈틀거리는 동물을 삼키다니, 생각만 해도 토할 거 같다고요? 그렇게 느끼는 사람이 많을 거예요.

　하지만 세계 곳곳에서는 곤충과 애벌레를 음식으로 먹어요. 남부 아프리카에서는 메뚜기를 구워 먹고, 서부 아프리카에서는 흰개미를 먹어요. 태국에서는 우리가 땅콩이나 감자튀김을 먹듯이 말린 곤충을 간식으로 먹죠.

　유엔식량농업기구는 이렇게 말해요. "전 세계 사람들이 곤충을 더 많이 먹으면, 환경이 더 좋아질 것이다."

　곤충도 동물이고, 포유동물의 살과 같은 물질로 이루어져 있어요. 곤충 몸에는 단백질이 풍부하게 들어 있고, 지방도 조금 있고, 탄수화물은 거의 없어요.

　하지만 환경에 미치는 영향은 소고기나 돼지고기보다 몇 배나 적어요. 먹이 2그램으로 곤충 몸무게를 1그램 늘릴 수 있어요. 이 정도면 닭과 비슷하고, 큰 가축과 비교하면 몇 배나 효율적이에요.

　곤충은 공간도 적게 차지하고, 온실가스도 적게 배출해요. 소 한 마리 무게에 해당하는 곤충들이 배출하는 양이 소 한 마리가 배출하는 양의 100분의 1밖에 안 되죠.

곤충을 통째로 먹으라고 하면, 많은 사람이 곧 토할 것 같은 표정으로 고개를 절레절레 저을 거예요. 꼭 통째로 먹어야 하는 건 아니에요. 곤충을 잘 말려서 단백질이 풍부한 가루로 만들고, 이 가루로 다양한 식품을 만들 수 있어요.

곤충 가루를 넣은 에너지바, 곤충 가루로 만든 국수, 곤충 버거, 곤충 과자는 이미 팔리고 있어요. 먹어 본 사람들은 견과류 맛이 난다고 말해요. 유럽에서는 음식 관련 법률 때문에 이런 음식이 널리 퍼지지 못하고 있어요.

동물을 조금도 먹지 않으려는 채식주의자들은 곤충 음식도 먹지 않을 거예요. 하지만 나머지 사람들한테는 곤충이 훌륭한 먹을거리가 될 수 있어요.

## 고기를 줄이면 더 건강해져요

지금까지 살펴본 것처럼 우리가 고기를 적게 먹으면 환경에 좋아요. 돈을 더 주고서라도 좋은 조건에서 키운 고기를 사면, 가축들에게 더 편안한 환경을 제공할 수 있고요.

건강을 생각하면 고기 소비를 줄여야 해요. 독일 사람은 보통 한 해에 고기를 60킬로그램쯤 먹어요. 독일 영양학회는 성인은 한 주에 고기와 소시지를 합쳐서 최대 300그램에서 600그램만 먹으라고 권장해요. 1년이 52주니까, 한 해에 15킬로그램에서 30킬로그램만 먹으라는 거지요. 그러니까 독일 사람들은 영양 전문가들이 권하는 양의 두 배 이상을 먹는 거예요.

고기에 들어간 영양소를 섭취하기 위해 많은 고기를 먹어야 할 이유는 없어요. 더 적게 먹어도 괜찮아요. 우리 몸에 필요한 양보다 고기를 더 많이 먹으면, 나쁜 일이 생겨요.

고기를 너무 많이 먹어서 생기는 질병에는 두 종류가 있어요. 첫째는 심혈관 질환이에요. 이 병에 걸리면, 심장 마비가 일어나 일찍 죽을 수도 있어요. 둘째는 암이에요. 고기를 많이 먹으면 특히 대장암에 잘 걸려요. 암은 우리 몸에 무척 위험한 질병이에요. 암에 걸리면 몸속에 위험한 종양이 자라는데, 심할 경우 죽기도 해요.

고기에 대한 여러 연구에 따르면, 닭이나 칠면조 같은 흰 고기보다 돼지, 소, 양 같은 붉은 고기가 우리 몸에 더 위험해요. 또 가공한 고기, 그러니까 가공육이 특히 건강에 안 좋대요. 소시지, 햄, 베이컨 같은 식품이 바로 가공육이지요.

가공육에는 다양한 첨가물이 많이 들어가는데, 어떤 첨가물은 몸에 들어가면 암을 잘 일으키는 물질로 변해요. 게다가 가공육에는 건강에 안 좋은 지방이 많아요.

유기농 농장에서 키운 것이든 공장식 농장에서 키운 것이든 고기는 고기예요. 유기농 소시지와 유기농 돼지고기로 만든 돈가스도 우리 건강에 좋지는 않아요.

# 모두가 고기를 먹을 수 있을까요?

세계 인구는 지금도 늘어나요. 오늘날 지구에 사는 사람은 약 78억 명이고, 2030년에는 85억 명, 2050년에는 97억 명으로 늘어날 거예요. 그 뒤에는 어떻게 될까요? 유엔에서는 증가 속도가 점점 줄어서 인구가 100억 명에서 110억 명 사이를 왔다 갔다 하리라고 추정해요. 하지만 이 숫자는 매우 불확실해요.

바로 앞 장에서 고기 대량 생산이 환경 오염을 일으킨다고 이야기했어요. 그러니까 전 세계가 고기를 적게 먹고 식물을 많이 먹으면 환경에 좋겠죠.

그런데 지금 상황은 거꾸로 가고 있어요. 유엔식량농업기구와 경제협력개발기구에서 다음 10년 동안 고기 소비량을 예측한 보고서를 내놓았어요. 이 보고서에 따르면, 2029년에는 고기 소비량이 2019년보다 12퍼센트 늘어난다고 해요.

고기 소비량 증가는 대부분 가난한 나라에서 일어날 거예요. 가난한 나라들의 경제가 성장하면, 사람들이 돈을 더 많이 벌게 되고, 그만큼 고기를 더 많이 먹게 되니까요. 게다가 인구 증가도 대부분 가난한 나라에서 일어나기 때문에, 이런 나라들의 고기 소비량이 크게 늘지요.

반대로 부유한 나라의 고기 소비량은 점차 줄고 있어요. 그렇다고 해서 부유한 나라 사람들이 가난한 나라 사람들보다 고기를 적게 먹는 건 아니에요.

지금 고기 소비량은 부유한 나라에서는 줄고, 가난한 나라에서는 늘고 있어요. 앞으로 10년 동안 이런 일이 계속되어도 가난한 나라 사람들이 부유한 나라 사람들보다 고기를 더 많이 먹게 되지는 않을 거예요.

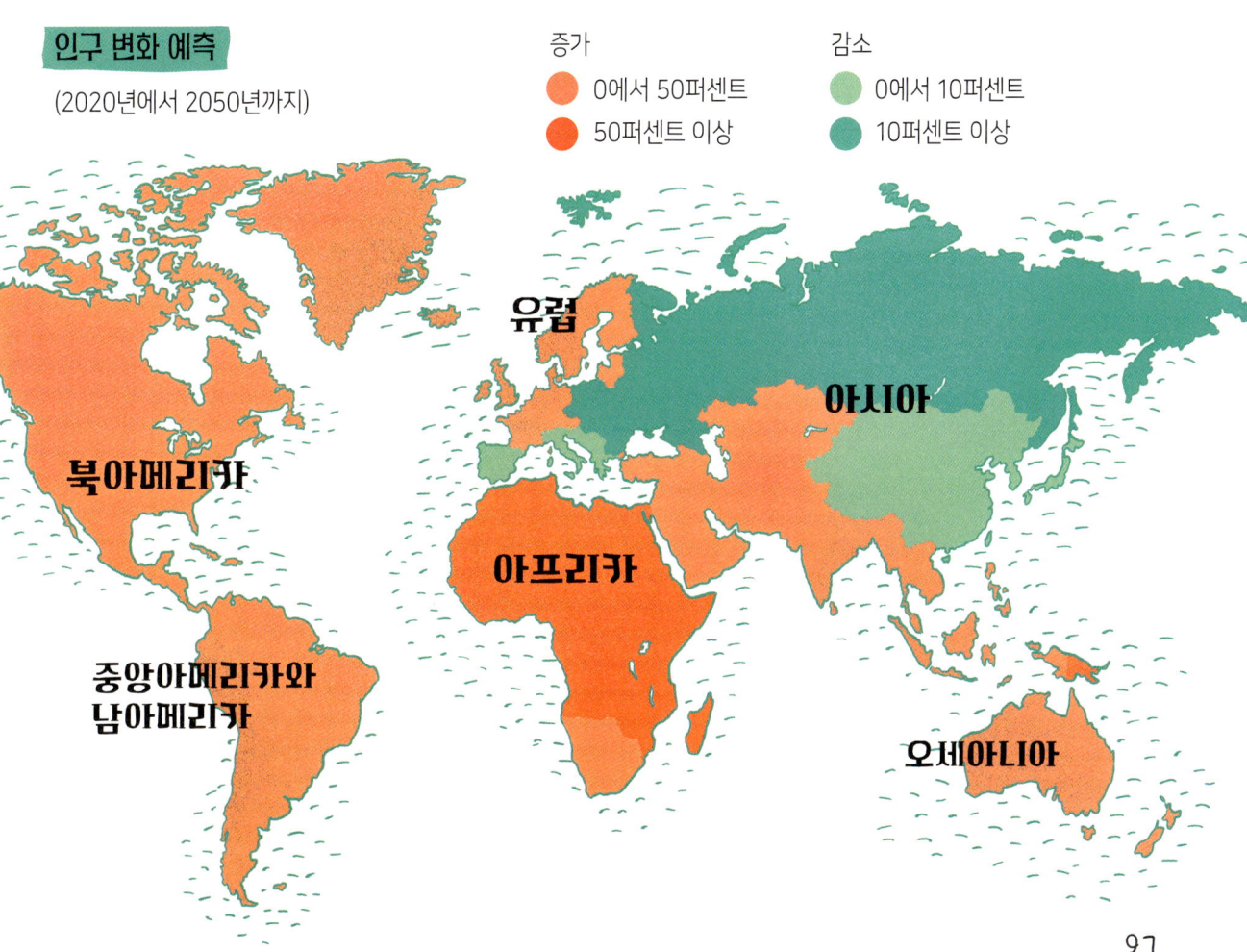

현재 1인당 고기 소비량을 보면, 선진국 사람들이 먹는 양이 전 세계 평균 고기 소비량보다 세 배나 많아요. 그러니까 가난한 나라 사람들한테 고기를 적게 먹으라고 말할 자격이 없어요.

앞으로 닭고기 생산량이 가장 크게 늘 거예요. 선진국 사람들이 닭고기가 붉은 고기보다 더 건강하다는 사실을 아는 데다가, 개발도상국 사람들한테는 닭고기가 가장 싸니까 점점 많이 팔릴 수밖에 없어요.

고기 생산은 환경에 안 좋아요. 그런데 생산량을 계속 늘려도 괜찮을까요? 고기 소비가 늘면 사료에 들어가는 식물을 기를 땅도 넓어져야 하는데 어디에서 그런 땅을 찾을까요?

식료품 산업은 아주 큰 시장이에요. 사람들이 고기를 사려고 기꺼이 돈을 낸다면, 식료품 기업들은 어떻게든 고기를 공급할 방법을 찾을 거예요. 더 넓은 열대우림을 파괴하고 거기에서 콩을 기르겠죠.

전 세계 어디에서나 고기 가격은 날이 갈수록 내려가요. 환경을 보호하고, 가축들에게 더 나은 삶을 제공하고, 사람도 건강하게 먹으려면, 고기가 더 비싸져야 해요.

# 이제 무엇을 해야 할까요?

　이 책을 잘 읽었다면, 많은 정보를 얻었을 거예요. 아마 고민도 생겼을 거예요. 고기를 계속 먹어야 하나? 이 책을 쓰고 그린 우리도 그랬어요. 많은 것을 배웠고, 고기를 사거나 먹을 때마다 고민하게 되었지요. 환경을 보호하고 가축들이 행복하게 살도록 하려면 무엇을 해야 할까요? 지금부터 무엇을 바꾸어야 하는지 알려 줄게요.

### 우리가 할 수 있는 일

✳ 터무니없이 싼 고기는 쳐다보지도 말고, 더 비싸고 좋은 고기를 찾으세요. 시장에 식품을 공급하는 회사는 소비자의 요구를 따를 수밖에 없어요. 과거에도 그랬어요. 독일에서는 2010년에서 2019년 사이에 유기농 식품의 비율이 3.7퍼센트에서 5.7퍼센트로 늘어났어요. 유기농 식품을 찾는 소비자들이 많아졌기 때문이에요.

✳ 고기를 줄이세요. 날마다 고기를 먹을 필요는 없어요. 30쪽에 나오는 음식 피라미드를 다시 한번 보세요. 고기를 적게 먹으면, 더 좋은 고기를 먹을 수 있어요!

✻ 어디에서 온 고기인지 물어보세요. 정육점이나 시장, 농장에서 직접 살 때만 고기가 어디서 왔는지 알 수 있어요. 포장지에 붙은 마크만으로는 가축이 어떤 환경에서 지내는지 알 수 없어요.

✻ 고기를 낭비하지 마세요. 상하기 전에 먹을 수 있는 만큼만 사세요. 또, 인기 있는 부위만 사지 말고 모든 부위를 사서 요리해 보세요.

### 정부가 할 수 있는 일

✻ 동물 복지 개선하기. 독일에서는 지난 몇 년 동안 많은 변화가 일어났지만, 여전히 더 큰 변화가 필요해요. 가축들은 더 넓은 공간에서 지내고, 신선한 공기도 마셔야 해요. 또한 가축의 본성에 맞는 사육 방법이 필요해요. 유기농 농장뿐만 아니라 모든 농장에서 이런 변화가 생겨야 해요.

✻ 농부 지원하기. 농부가 돼지를 팔아서 적은 돈밖에 벌지 못하면, 가축들도 더 좋은 환경에서 지낼 수 없어요. 여러 방법으로 농부의 지갑을 두둑하게 해 주어야 해요. 고기에 동물 복지 세금을 걷어서 농부를 지원하는 일도 한 가지 방법이에요.

✸ 더 엄격한 환경 법률 만들기. 예를 들어, 정부는 이산화 탄소 배출에 세금을 부과할 수 있어요. 그러면 식물로 만든 식품보다 고기가 훨씬 비싸질 거예요. 가축을 더욱 환경 친화적으로 키우는 농장은 이익이 늘어나겠죠.

# 고기를 먹는다는 것

《이토록 불편한 고기》 추천사

김지숙 (한겨레 애니멀피플 기자)

딱 일 년 전 일입니다. 저는 여느 날과 다름 없이 취재 현장으로 향했습니다. 6월 초여름 날씨 치고는 제법 무더웠던 기억이 납니다. 이날 저의 취재처는 경기도 화성시의 한 도살장이었습니다. 제가 인터뷰 할 대상은 다름 아닌 돼지와 소였습니다. 바로 '고기'가 되기 위해 이곳에 모인 동물들이었죠. 같은 언어로 말은 못 했지만 동물들은 저마다 죽음을 예감하는 것처럼 보였습니다. 트럭에 빼곡히 실려 온 어린 돼지들은 더운 숨을 내뿜으며 악을 쓰고 있었고, 일어설 힘조차 없는 젖소는 트럭 바닥에 주저앉아 있었습니다.

동물들은 도살장에 오기 전 최소 12시간 이상 물과 음식을 먹지 못합니다. 차량 이동 때의 부작용을 줄이고, 육질을 향상시키기 위해서죠. 동물권 활동가들은 이런 활동을 비질(vigil)이라 하더군요. 본래 밤샘 간호, 철야 기도 등을 뜻하는 영어 단어지만, 최근에는 도축되기 전 동물을 목격하고 기록하는 활동을 일컫습니다.

가까이서 보면 인간의 눈과 크게 다를 것 없는 동물의 눈을 본 뒤로 마음 한 구석이 늘 불편했습니다. 일 년이 지난 지금도 마찬가지입니다. 그러나 시간을 되돌려 이 경험을 무르고 싶냐고 물으신다면 저는 거절할 겁니다. 이런 불편함은 우리를 좀 더 현명하게 만들어 주는 연결 고리이기 때문입니다. 이 책《이토록 불편한 고기》처럼 말이죠.

　어쩌면 육식은 그 어느 주제보다도 더 우리를 불편하게 만드는 주제입니다. 매일 우리의 식탁 위에서 벌어지는 일이고, 딱히 '나쁜 짓'도 아니기 때문입니다. 그러나 왜 돼지 삼겹살 비계 위에 찍힌 도장을 보면 죄책감이 드는 걸까요.

　책은 이런 의문에 대한 해답을 아주 천천히, 단계적으로, 친절하게 제시합니다. 고기와 동물에 대한 충실한 데이터와 사실들을 알려줌으로써 말이죠. 크리스토프 드뢰서는 작가이자 저널리스트로서 가장 힘 있는 이야기가 바로 사실(fact)에 있다는 것을 간파한 듯싶습니다.

　그가 책에서 다루고 있는 주제는 무척 폭넓습니다. 세계 각국의 고기 문화부터 농장 동물들의 사육 현실, 육식이 지구와 기후에 미치는 영향과 이를 위해 우리가 실천할 수 있는 선택까지 참으로 종횡무진입니다. 무엇보다 놀라운 점은 책이 고기에 관한 광범위한 주제와 통계를 다루고 있지만 지루할 새가 없다는 점입니다. 저자는 우리가 고기에 대해 놓치고 있던 사실을 차분히 짚어 줍니다. 어린이나 어른 모두 흥미롭게 볼 수 있도록 직관적인 그래픽과 다채로운 삽화를 넣은 점도 무척 마음에 듭니다. 독일과 유럽의 현실을 중심으로 하고 있지만, 우리나라의 상황을 충실히 보태어 이해를 돕습니다.

　책은 비단 동물 복지의 시선으로만 고기를 바라보지 않습니다. 요즘엔 미래를 살아갈 어린이들을 흔히 '기후 재난 세대'라고 합니다. 2021년 여름 서유럽에 닥친 대홍수와 시베리아의 이상 고온, 우리나라의 폭염은 고기와 무관하지 않습니다.

　공장식 사육이 야기하는 이산화 탄소와 메테인은 지구 온난화를 가속하고, 가축 사료에 필요한 곡물을 키우기 위해 어마어마한 양의 물이 소비됩니다. 우리가 입맛에 맞는 고기를 먹기 위해 남긴 탄소 발자국의 대가는 미래 세대인 어린이들이 고스란히 짊어지게 됩니다. 우리가 굳이 불편함을 느끼면서도 현명한 선택지를 알려 줘야 할 의무는 여기 있습니다.

　마침 추천사를 쓰는 오늘은 한 해 가장 더운 절기인 중복입니다. 우리의 밥상에 무엇이 놓이는지에 따라 미래가 달라진다고 하면 너무 거창할까요. 이 책을 보신 분이라면 공감하시리라 믿습니다. 모쪼록 더 많은 어린이에게 이 불편함이 가닿길 빌겠습니다.